（修订版）

国学大师梁启超对传统佛学的现代性阐释　深入了解佛家文化的首选巨著

插图本

梁启超

说佛

中州古籍出版社

图书在版编目（CIP）数据

插图本梁启超说佛 /梁启超著. -- 郑州：中州古籍出版社，2017.5（重印）
ISBN 978-7-5348-3637-4

Ⅰ.①插… Ⅱ.①梁… Ⅲ.①梁启超（1873~1929）—佛教—思想评论 Ⅳ.①B259.1 ②B948

中国版本图书馆 CIP 数据核字（2011）第 160119 号

策　　划：书之媒
责任编辑：梁　郁
责任校对：王　云
美术编辑：严　潇
出版社：中州古籍出版社
（地址：郑州市经五路 66 号　邮政编码：450002）
发行单位：新华书店
承印单位：永清县晔盛亚胶印有限公司
开本：787mm×1092mm　1/16　印张：13.5
字数：100 千字
版次：2017 年 5 月第 2 版　　印次：2017 年 5 月第 2 次印刷

定价：39.80 元
本书如有印装质量问题，由承印厂负责调换

梁启超像

梁启超（1873~1929），字卓如，号任公，又号饮冰室主人、饮冰子、哀时客、中国之新民、自由斋主人等。广东新会人。中国近代维新派代表人物，学者。中国近代史上著名的政治活动家、启蒙思想家、资产阶级宣传家、教育家、史学家和文学家。戊戌维新运动领袖之一。

梁启超北京故居书房（上）

梁启超北京故居堂屋（下）

梁启超北京故居位于北京市东城区北沟沿23号。该宅坐西朝东，大门内有影壁。为三进四合院。西部为花园，宅内垂花门、正房及花厅等建筑均坐北朝南。院内各屋之间，均有走廊相通。西部花园内，还有部分山石、土山及一歇山筒瓦顶花厅。整个房屋被高大的院墙围起，为民国初期建筑。

序

圆满调和，斯道之极轨

提及梁启超，一般人想到的第一件事情就是他与康有为等人领导的戊戌变法。当国家内忧外患时，热血青年挺身而出，为民请命，励精图治意欲改天换地。这一段历史说来无人不知。而之后的梁公并没有停下为国家奔走的脚步。他在政府屡屡担任要职，研究和实践经济与币制、司法的改革，参加护国、护法运动。无奈时不我与，最终只能待后来之少年拯救危亡的祖国。

当然后来，梁启超并没有始终跟上时代的脚步，"五四"之后，他渐渐转为保守，面对新文化运动的激情，他有诸多的不理解。子曰：道不行，吾将乘桴浮于海。但凡中国历史上的文人，无不热衷于政治和艺术文化，他们说于王，用，则谋策治国，不用，则轻舟放还，啸傲江湖，或教书育人，著书立说。自己的政治抱负得不到伸张，因此他晚年专注于学术和讲学，著书立说。梁启超是中国近代史上罕见的"百科全书"式的人物，他的研究领域十分庞杂，书法、绘画、政治、经济、币制、哲学、文学、史学、经学、法学、伦理学、宗教学均有涉猎，且都是颇有建树。各种文字累计1400多万字。很多都是震撼学术界的扛鼎之作。

尤其是在佛学领域，梁启超的研究颇为世人关注。梁启超之沉湎于佛学，有其多方面的原因。从社会根源来讲，清代的统治阶级，大都提倡佛教作为思想统治的工具。从雍正到乾隆，刊行了多种版本的大藏经，慈禧太后被称为老佛爷。当时的封建士大夫中，好佛者亦甚多。用梁启超自己的话说:"'今文学家'多兼治佛学。"这些都给梁启超以极大的影响。而与梁启超志同道合之人,大多笃信佛教,这对梁启超的影响也很大。梁启超在《三十自述》中提及康有为:"先生又常为语佛学之精奥博大,余夙根浅薄,不能多所受。"而他还常和谭嗣同在一起,"相互治佛学",其思想也是一致的。除此之外,梁启超之笃信佛学,与他在政治上之失意有很大关系。梁启超自己也说:"社会既屡更丧乱,厌世思想,不期而自发生,对于此恶浊世界,生种种烦懑悲哀,欲求一安心立命之所,稍有根器者,则必逃遁而入于佛。"所以,在知识分子失意的时候,即感到政治上没有出路,日子难过时,往往就想逃避现实,从佛学中找出路,找一个安心立命之所,梁启超也属于这种情况。

但是这并不说明梁启超研究佛教是为了逃避现实生活,他曾经说,自己研究佛学最根本的原因在于"提高全社会普遍的人格水平",也就是希望以佛学宗教的力量来感召世人,提高国民素质和道德水平,可以说,梁启超始终都没有放弃拯救众生之心,始终都没有放弃构建和谐社会的梦想。

梁氏学佛,绝非盲从,而是从理论上加以探讨,形成了自己的系统观点。在梁启超的头脑里,"佛教是建设在极严密极忠实的认识论之上,用巧妙的分析法解剖宇宙及人生成立之要素及其活动方式,更进而评判其价值,因以求得最大之自由解放而达人生最高之目的者也"。为了弘扬佛教,他在一生中,特别是晚年,花了相当一部分精力,从事佛学研究。据不完全统计,除了专著《佛学研究十八篇》外,他尚有谈论佛学的文章和演讲录二十余篇。他曾广泛收集国内外有关佛教研究的著作,直至临终前,还计划用五年时间来专门整理佛教的东西。

本书中收录了梁启超关于佛学的经典著作,并辅以精美插图,图文并茂,详细阐述梁启超的佛心。而梁氏关于佛教深入浅出的讲解,是读者了解佛教的入门必读之物。

目 录

中国佛法兴衰沿革说略 / 1
附录　佛教大事表 / 24

佛教之初输入 / 27
附录一　汉明求法说辨伪 / 31
附录二　《四十二章经》辨伪 / 38
附录三　《牟子理惑论》辨伪 / 46

佛陀时代及原始佛教教理纲要 / 49
附录　说无我 / 84

千五百年前之中国留学生 / 93

佛教教理在中国之发展 / 134

佛教心理学浅测 / 151

支那内学院精校本《玄奘传》书后 / 180
——关于玄奘年谱之研究

中国佛法兴衰沿革说略

一

佛法初入中国，相传起于东汉明帝时。正史中纪载较详者，为《魏书·释老志》，其文如下：

> 汉武……开西域，遣张骞使大夏还，传其旁有身毒国，一名天竺，始闻有浮屠之教。哀帝元寿元年，博士弟子秦景宪受大月氏王使伊存口授浮屠经。中土闻之，未之信了也。后孝明帝夜梦金人，顶有白光，飞行殿庭，乃访群臣，傅毅始以佛对。帝遣郎中蔡愔、博士弟子秦景等使于天竺，写浮屠遗范。愔仍与沙门摄摩腾、竺法兰东还洛阳。中国有沙门及跪拜之法，自此始也。愔又得佛经四十二章及释迦立像，明帝令画工图佛像，置清凉台及显节陵上，经缄于兰台石室。愔之还也，以白马负经而至，汉因立白马寺于洛城雍关西。摩腾、法兰咸卒于此寺。

此说所出，最古者为汉牟融《理惑论》。文在梁僧祐《弘明集》中，真伪未敢断。（《隋书·经籍志》有《牟子》二卷。注云：汉太尉牟融撰，今佚。《弘明集》本篇篇目下注云：一名苍梧太守牟子博传。然读其内容，则融乃苍梧一处士，流寓交趾，不惟未尝为太尉，

且未尝为太守也。书凡三十七节,专务拥护佛法,文体不甚类汉人,故未敢置信。若其不伪,则此为论佛法最古之书矣。)其后文饰附会,乃有永平十四年僧道角力、宗室妃嫔数千人同时出家种种诞说。又造为摩腾所译《四十二章经》,编入藏中,流通迄今。殆皆不可信。(此等诞说最古者,出《汉显宗开佛化法本内传》,见唐道宣《广弘明集》,注云:未详作者。据所说则道士褚善信、费叔才奉敕集白马寺前与摩腾等斗法,道经尽毁云云)。大抵愔、景西使,腾、兰东来,白马驮经,雍西建寺,事皆非虚。然所谓提倡佛法者亦仅此。至于创译经典,广度沙门,则断非彼时所能有事也。(《四十二章经》真伪别详第五章。)然诵习佛法者早已有人,盖不容疑。《后汉书·光武十王列传》云:

楚王英喜为浮屠斋戒,永平八年奉黄缣白纨三十匹诣国相赎愆罪。诏报曰:"王诵黄老之微言,尚浮屠之仁慈,洁斋三月,与神为誓,何嫌何疑,当有悔吝?其还赎以助伊蒲塞桑门之盛馔。"因以班示诸国。

汉明遣使事,相传在永平十年(《释老志》《弘明集》《高僧传》皆无年岁。其指为永平十年,自隋费长房之《历代三宝记》始)。然报楚王英诏在永平八年。浮屠(佛陀)、伊蒲塞(优婆塞)、桑门(沙门)诸名词,已形诸公牍,则其名称久为社会所已有可知。有名称必先有事实,然则佛法输入,盖在永平前矣。《释老志》称:"汉世沙门,皆衣赤布。"则当时沙门,应已不少。然据晋石虎时著作郎王度所奏,谓:"汉明感梦,初传其道。唯听西域人得立寺都邑以奉其神,其汉人皆不得出家。魏承汉制,亦循前轨。"(《高僧传》卷十《佛图澄传》引)此述汉魏制度,最为明确。盖

尼泊尔蓝毗尼园的大菩提树浴佛池

释迦牟尼佛诞生地——尼泊尔蓝毗尼园。遗址中央是摩耶夫人祠，祠内有摩耶夫人诞子浮雕，可惜浮雕已残破。据说净饭王的摩耶夫人产期将至，按当地习俗回母家分娩，在途经蓝毗尼园时，在花园中见一棵大树花色香鲜，枝叶茂盛，就举起右手想摘一枝，这时从右胁生下了释迦牟尼。

我国自古以来，绝对的听任"信教自由"，其待远人，皆顺其教不易其俗。汉时之有佛寺，正如唐时之有景教寺，不过听流寓外人自崇其教，非含有奖励之意也。然桓帝延熹九年，襄楷上书，有"闻宫中立黄老浮屠之祠"一语（《后汉书》本传）。据此，则其信仰已输入宫廷矣。桓、灵间，安息国僧安世高，月支国僧支娄迦谶，先后至洛阳，译佛经数十部。佛教之兴，当以此为纪元。

三国时刘蜀佛教无闻，曹魏稍翻有经典。而颍川朱士行以甘露二

释迦牟尼佛和八大菩萨

年出家，实为汉地沙门之始（据费长房《历代三宝记》卷三）。士行亦即中国西行求法之第一人也。吴孙权因感康僧会之灵异（参观《高僧传·会传》），在建业设建初寺，是为佛教输入江南之始。而支谦亦在吴译《维摩》《泥洹》《法句》诸经，故后此佛学特盛于江南，谦之功也。

至西晋时，洛下既有寺四十二所（见《释老志》），而竺法护远游西域，赍经以归，大兴译事，河北佛教渐以光大。及石勒僭号，而佛图澄常现神通力以裁抑其凶暴（参观《高僧传·佛图澄传》），其于佛教之弘布，极有力焉。

计自西历纪元一世纪之初至四世纪之初约三百年间，佛教渐渐输入中国且分布于各地。然其在社会上势力极微薄，士大夫殆不知有此事。王充著《论衡》，对于当时学术、信仰、风俗，皆痛下批评，然无一语及佛教，则其不为社会注目可知。沙门以外，治此学者，仅一牟融。然所著书犹真伪难断，具如前说。

此期之佛教，其借助于咒法神通之力者不少。摩腾角力，虽属诞词，然康会在吴，佛图澄在赵，皆藉此为弘教之一手段，无庸为讳。质言之，则此期之佛法只有宗教的意味，绝无学术的意味。即以宗教论亦只有小乘绝无大乘。神通小术，本非佛法所尚，为喻俗计，偶一假途①。然二千年来之愚夫愚妇，大率缘此起信。其于佛法之兴替，功罪正参半耳。

---

① 《高僧传·佛图澄传》："石勒问澄，佛道有何灵验？澄知勒不达深理，正可以道术为征，即取应器盛水，烧香咒之，须臾生青莲花。……"《续高僧传·菩提流支传》："支咒水上涌，旁僧嘉叹大圣人。支曰：'勿妄褒赏，斯乃术法。外国共行，此方不习，谓为圣耳。'"

二

佛法确立，实自东晋。吾于叙述以前，先提出两问题：第一，佛法何故能行于中国，且至东晋而始盛耶？第二，中国何故独尊大乘，且能创立"中国的佛教"耶？此第二题，当别解答之，今先答第一题。

我国思想界，在战国本极光明。自秦始皇焚书，继以汉武帝之"表章六艺，罢黜百家"，于是其机始窒。两汉学术，号称极盛，揽其内容，不越二途：一则儒生之注释经传，二则方士之凿谈术数。及其末流，二者又往往糅合。术数之支离诞妄，笃学者固所鄙弃，即碎义逃难之经学，又岂能久餍人心者？凡属文化发展之国民，"其学问欲"曾无止息，破碎之学既为社会所厌倦，则其反动必趋于高玄。我国民根本思想，本酷信宇宙间有一种必然之大法则，可以范围天地而不过，曲成万物而不遗。孔子之《易》，老子之五千言，无非欲发明此法则而已。魏晋间学者，亦欲向此方面以事追求，故所谓"易老"之学，入此时代而忽大昌，王弼、何晏辈，其最著也。正在缥缈彷徨，若无归宿之时，而此智德巍巍之佛法，忽于此时输入，则群趋之，若水归壑，固其所也。

季汉之乱，民瘵已甚，喘息未定，继以五胡，百年之中，九宇鼎沸，有史以来，人类惨遇，未有过于彼时者也。一般小民，汲汲顾影，且不保夕，呼天呼父母，一无足怙恃。闻有佛如来能救苦难，谁不愿托以自庇？其稔恶之帝王将相，处此翻云覆雨之局，亦未尝不自怵祸害。佛徒悚以果报，自易动听，故信从亦渐众。帝王既信，则对于同信者必加保护。在乱世而得保护，安得不趋之若鹜？此一般愚民奉之之原因也。其在"有识阶级"之士大夫，闻"万行无常，诸法无我"之教，还证以己身所处之环境，感受深刻，而愈觉亲切有味。其大根器者，则发悲悯心，誓弘法以图拯拔；其小根器者，则有托而逃焉，欲觅他界之慰安，以偿此世之苦痛。夫佛教本非厌世教也，然信仰佛教者，什九皆以厌世为动机，此实无庸为讳，故世愈乱而逃入之者愈众。此士大夫奉佛之原因也。

前所论者为思想之伏流，此所论者为时代之背景。在此等时代背景之上，而乘之以彼种之思想伏流，又值佛法输入经数百年，酝酿渐臻成熟，此所以

印度佛陀伽耶中国寺院

一二大德起而振之,其兴也,沛乎莫之能御也。

中国佛教史,当以道安以前为一时期,道安以后为一时期。前此稍有事业可纪者皆西僧耳(即竺法护,亦本籍月支)。本国僧徒为弘教之中坚活动实自安始。前此佛学为沙门专业,自安以后,乃公之于士大夫,成为时代思潮。习凿齿与谢安书云:"来此见释道安,故是远胜,非常道士。师徒数百,斋讲不倦。无变化技术,可以惑常人之耳目;无重威大势,可以整群小之参差。而师徒肃肃,自相尊敬,洋洋济济,乃是吾由来所未见。其人理怀简衷,多所博涉;内外群书,略皆遍睹;阴阳算数,亦皆能通。佛经妙义,故所游刃。"(《高僧传·安传》)此叙安威德,盖能略道一二。安值丧乱,常率弟子四五百人转徙四方,不挠不乱。安十五年间,每岁再讲《放光般若》,未尝废阙。安不通梵文,而遍注诸经,妙达深指,旧译讹谬,以意条举,后来新译,竟与合符。安创著《经录》,整理佛教文献。安制僧尼轨范,佛法宪章,后来寺舍,咸所遵守。安劝苻坚迎罗什,间接为大乘开基。安集诸梵僧译《阿含》《阿毗昙》,直接为小乘结束。安分遣弟子布教四方,所至风靡,若慧远之在东南,其尤著也。安与一时贤士大夫接纳,应机指导,咸使妙悟,大法始盛行于居士中(以上杂据《高僧传·安传》及其他诸传,不备引原文)。要而论之,安自治力极强,理解力极强,组织力极强,发动力极强,故当时受其人格的感化与愿力的加被,而佛教遂以骤盛。安,常山人,所尝游栖之地极多,而襄阳与长安最久,卒于东晋安帝之太元十年(385)。自安以后,名僧接踵,或事翻译,或开宗派,其应详述者极多,本章惟随举其名耳。惟安公为大法枢键,故稍详述如上。

三

东晋后佛法大昌，其受帝王及士大夫弘法之赐者不少。其在北朝，则苻坚敬礼道安。其秘书郎赵正尤崇三宝，集诸僧广译经论。姚兴时，鸠摩罗什入关，大承礼待，在逍遥园设立译场，集三千僧咨禀什旨。大乘经典，于是略备。故言译事者必推苻姚二秦。北凉沮渠蒙逊供养昙无谶及浮陀跋摩，译经甚多。其从弟安阳侯京声，亦有译述。西秦乞伏氏，亦尊事沙门，圣坚司译焉。北魏太武帝一度毁佛法，及文成帝兴复之，其后转盛。献文、孝文，并皆崇奉。宣武好之尤笃，常于宫中讲经。孝明时，胡太后秉政，迷信尤甚，几于遍国皆寺，尽人而僧矣。魏分东、西，移为周、齐。高齐大奖佛法，宇文周则毁之。隋既篡周，文帝首复佛教，而炀帝师事智𫖮，崇奉尤笃，在东、西两京置翻经院，译事大昌焉。

其在南朝、东晋诸帝，虽未闻有特别信仰，而前后执政及诸名士，若王导、周𫖮、桓玄、王濛、谢尚、郗超、王坦、王恭、王谧、谢敷、戴逵、孙绰辈咸相尊奉（见《弘明集》卷十一引何尚之《答宋文帝问》）。及宋，则文帝虚心延访，下诏奖励。谯王义宣所至提倡，而何尚之、谢灵运等阐扬尤力。及齐，则竟陵王子良最嗜佛理。梁武帝、沈约辈皆尝在其幕府，相与鼓吹。及梁武帝在位四十年中，江左称为全盛。帝嗜奉至笃，常集群臣讲论，至自舍身于同泰寺。昭明太子及元帝皆承其绪，迭相宏奖。佛教于是极盛。陈祚短促，无甚可纪。东晋、南北朝及隋帝王执政提倡佛教之情形，大略如此。

唐宋以后，儒者始与佛徒哄，前此无之也。两晋、南北朝之儒者，对于佛教，或兼采其名理以自怡悦，或漠然置之，若不知世间有

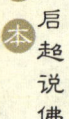

永泰寺

　　永泰寺始建于北魏，是佛教禅宗传入中国后修建的第一座尼僧寺院，也是我国现存年代最早的一家皇家尼僧佛寺，被称为佛教禅宗尼僧祖庭，与"天下第一名刹"少林寺有"姊妹院"之称。

此种学说者然。其在当时，深妒佛教而专与之为难者，则道士也。梁僧祐《弘明集》、唐道宣《广弘明集》中所载诸文，其与道家抗辩者殆居三之一。其中如刘宋时道士顾欢著《夷夏论》，谢镇之、朱昭之、慧通、僧愍等驳之；南萧齐时张融著《门论》，周颙驳之；道士复假融名著《三破论》，刘勰著《辩惑论》驳之。其最著者也，所谓道教者，并非老庄之"道家言"，乃张道陵余孽之邪说，其于教义本一无所有，及睹佛经，乃剽窃其一二，而肤浅矛盾，无一是处。乃反伪造《老子化胡经》等，谓佛道实出于彼，可谓诞妄已极！其壁垒本不足以自立，乃利用国民排外之心理，倡所谓夷夏论者，此较足以动人。谢、朱辈本非佛徒，亦起而驳之，于学术无国界之义，略有所发挥焉，盖非得已也。然在南朝则以言论相排挤而已，北朝则以势力相劫制。北魏太武帝时，信任崔浩。而浩素敬事"五斗米道教"之寇谦之，荐之魏主拜为天师，改年号曰"太平真君"。太平真君七年（446），忽诏诛长安沙门，焚破佛像，令四方一依长安行事。其诏书所标榜者，曰："荡除胡神，击破胡经。"其法，则"沙门无少长悉坑之，王公已下敢隐匿沙门者诛一门"（《魏书·释老志》）。我国有史以来，皆主信仰自由，其以宗教兴大狱者，只此一役。元魏起自东胡，犷悍之性未驯也。后四年，浩亦族诛，备五刑焉。魏毁佛法凡七年，文成帝立，复之，后转益昌。后七十余年，孝明帝正光元年（520），又再集佛道徒使讨论。道士姜斌以诬罔当伏诛，而佛徒菩提支为之乞杀。又五十余年，周武帝建德元年（572），下诏并废佛道两教，寻复道教。越八年（大象元年），并复之。然此役仅有遣散，并无诛戮云。计自佛法入中国后，受政府干涉禁止者，仅此两次。时皆极短，故无损其流通。其间，沙汰僧尼，历代多有，然于大教固保护不替也。

佛教发达，南北骈进，而其性质有大不同者：南方尚理解，北

插图本 梁启超说佛

甘肃天水麦积山44号窟正壁主佛像

方重迷信；南方为社会思潮，北方为帝王势力。故其结果也，南方自由研究，北方专制盲从；南方深造，北方普及。（此论不过比较的，并非谓绝对如此。勿误会。）此不徒在佛教为然也，即在道教亦然。南朝所流行者为道家言，质言之，即老庄哲学也。其张道陵、寇谦之之妖诬邪教，南方并不盛行。其与释道异同之争，亦多以名理相角，若崔浩焚坑之举，南人所必不肯出也。南方帝王，倾心信奉者固多，实则因并时聪俊，咸趋此途，乃风气包围帝王，并非帝王主持风气，不似北方之以帝王者之好恶为兴替也。尝观当时自由研究之风，有与他时代极差别者。宋文帝时，僧慧琳著《白黑论》、何承天著《达性论》，皆多曲解佛法之处，宗炳与颜延之驳之。四人彼此往复各四五书，而文帝亦乐观之，每得一札，辄与何尚之评骘之。梁武帝时范缜著《神灭论》，帝不谓然也，自为短简难之，亦使臣下普答，答者六十二人，赞成缜说者亦四焉。在东晋时，"沙门应否敬礼王者"成一大问题。庾冰、桓玄先后以执政之威，持之甚力。慧远不为之屈，著论抗争，举朝和之。冰、玄卒从众议。（以上皆杂采正史各本传，《高僧传》及两《弘明集》，原文不具引。）诸类此者，不可枚举。学术上一问题出，而朝野上下，相率为公开讨论，兴会淋漓以赴之。似此者，求诸史乘，殆不多觏也。若北方则惟见寺塔、僧尼之日日加增而已。其士大夫讨论教理之文，绝无传者，即僧徒名著亦极希。后此各大宗派，不起于北而起于南，良有以也。然则南北两派，何派能代表我国民性耶？吾敢断言曰南也。五胡以后，我先民之优秀者，率皆南渡。北方则匈、羯、鲜、羌诸族杂糅，未能淳化于吾族，其所演之事实，非根于我国民性也。

北方之迷信的佛教，其发达之速实可惊。《释老志》尝列有简单之三度统计，今录如下：

年　代	寺　数	僧尼数
承明元年（476年）	6478	77350
延昌二年（518年）	12727	不详
兴和二年（540年）	3万	200万

前后六十四年间，而寺数由六千余增至三万，僧尼数由七万余增至二百万。以何故而致此耶？试检《释老志》中所记当时制度及事实，可以知其梗概。《志》云：

永平元年诏曰："自今以后，众僧犯杀人已上罪者，仍依俗断。余犯悉付'沙门统'（僧正）昭玄，以内律制之。"……

和平初，昙曜奏："民有岁输谷六十斛入僧曹者，即为僧祇户，粟为僧祇粟。至于俭岁，赈给饥民。"又请："民犯重罪及官奴，以为佛图户，供诸寺洒扫。"并许之。于是僧祇户、粟及寺户遍于州镇。……永平四年，诏曰："僧祇之粟，本期济施。但主司冒利，规取赢息。及其征责，不计水旱，或偿利过本，或翻改卷契，侵蠹贫下，莫知纪极。……自今以后，不得传委'维那'（僧职）都尉，可令刺史共加监括。"……

熙平二年，灵太后令曰："自今奴婢，悉不听出家。……其僧尼辄度他人奴婢者，移五百里外为僧。僧尼多养亲识及他人奴婢子，年大私度为弟子，自今断之。"……

神龟元年，任城王澄奏曰："……自迁都以来，年逾二纪，寺夺民居，三分且一。……非但京邑如此，天下州镇僧寺亦然，侵夺细民，广占田宅。"……

正光已后，天下多虞，工役尤甚。于是所在编民，相与入道，假慕沙门，实避调役。猥滥之极，自中国之有佛法，未之有也。

据此，可见当时制度：（一）有各种僧职，权力极大。最高者为"沙门统"，其下有"州统""都维那""维那"等；（二）僧侣有治外法权，非犯杀人罪不到法庭；（三）挂名寺户可避徭役；（四）犯罪者及奴婢，凭藉教力，可免罪为良；（五）假立寺名，可以侵占田宅，猥滥横暴。至于此极，佛法精神，扫地尽矣。其帝室营造之侈靡，犹令人惊骇。就中若灵岩石窟、伊门石窟，若永宁寺，据《释老志》《续高僧传·菩提流支传》《洛阳伽蓝记》诸书所载，略可追想一二。使其至今犹在，或可大为我国建筑学上一名誉纪念。然当时民力之凋敝于此者，亦殊不让罗马教皇之营彼得寺也。至今过伊门、龙门间，睹石像攒若蜂窠。即在琉璃庙求魏、齐造像拓片，广搜之犹可得数千种。此实当时佛教兴隆之遗影留传今日者，而无数之罪恶苦痛即隐于其背。后此唐韩愈有"人其人，火其书，庐其居"之议，虽庸妄可笑，抑亦东流极敝反动使然也。南方佛教，此弊固亦所不免。然其兴也，不甚凭藉政治势力，以视北方，清明多矣。以上叙佛教黑暗方面略竟，今还叙其光明方面。

四

从中国佛学史大量观察，可中分为二期：一曰输入期，两晋南北朝是也；二曰建设期，隋唐是也。实则在输入期中早已渐图建设，在建设期中亦仍不怠于输入，此不过举其概而已。输入事业之主要者，曰西行求法，曰传译经论。建设事业，则诸宗之成立也。今欲使学者得一简明之概念，且略知各部分事业之联络，故以极简单之文句，先

述如下。（其有重要资料不能入以下诸章者，则于此处稍为详叙。望读者通前后参错观之。）

　　印度佛教，先有小乘，后有大乘。中国亦不逾斯轨。然小乘之行于中国，时期甚短，势力亦弱，非如印度、西域之以小乘为正统而大乘为闰位也。后汉、三国所译经典，虽小乘较多，然大乘亦已间译。至两晋以后，则以译大乘为主业。诸大乘经中，方等先昌。支谶之《般舟三昧》，佛调之《法镜》，支谦之《维摩》《首楞》，法护之《宝积》《大集》《普曜》，皆其先河也。般若之兴，亦略同时。支谶之《道行》，法护之《光赞》，叔兰之《放光》，罗什之《摩诃》，皆其选也。此两部分皆起于西历二世纪中，而发达于四世纪末。《法华》之来，则在四世纪，法护、罗什前后两译。《涅槃》《华严》最晚出，昙谶、佛驮所译，皆在五世纪初元。至五世纪初元，而大乘要经略备，小乘之四《阿含》亦次第完成。译事告一段落焉。道安此方弘法之祖也，遍注诸经，而犹精《般若》，可谓"空宗"最初之建设者。其弟子慧远，在庐山结莲社念佛，今之"净土宗"尊为初祖焉。罗什入关，气象万千，后此大乘之"三论宗"、小乘之"成实宗"，皆于此托始。其弟子僧肇、僧叡、道生等，皆为一时龙象。自此以前，为输入全盛、建设萌芽之时期。

　　在此时期中，有两种事实，颇足资研究兴趣者。其一，则小乘派殆无反抗力也。印度大乘初起，其与小乘之对抗极烈。即在今日之日本尚有持"大乘非佛论"者。独我国则大乘一至，靡然从风。其持小乘以非毁大乘者，今所考见，才得数人：一、慧导疑《大品般若》；二、昙乐非拨《法华》；三、僧渊诽谤《涅槃》；四、竺法度禁一切大乘经典，不听读诵。（见梁僧祐《出三藏记集》卷五末两篇。）僧叡著《喻疑篇》，专为当时疑《涅槃》者而发，中有言曰："三十六国，小乘人也，此璺流于秦地。"可知当时西域诸僧在中国

印度佛陀伽耶大塔

乔达摩（佛陀未成道前的称呼）因为坐在那棵毕钵罗树下冥想而成了佛，所以后来称它为菩提树或佛树（意为智慧之树）。那个地方，为了纪念佛陀的成道，被称为佛陀伽耶。那棵树的切枝，迄今依旧长在伽耶佛塔的附近。

中国佛法兴衰沿革说略

印度那烂陀寺修行洞

那烂陀寺，古印度著名的佛教寺院及学术中心。意译为"施无厌"。遗址在今印度比哈尔邦巴腊贡附近。据佛教传说，原是释迦牟尼的大弟子舍利弗诞生及逝世之处，释迦牟尼亦路经此地。那烂陀寺始建于5世纪。12世纪时，此寺一直是印度佛教重要的教学及研究中心之一。据说在极盛时期，佛教学者云集，主客常达万人。

者，非无反抗大乘之人，特力不足以张其军耳。其二，则大乘教理多由独悟也。朱士行读《道行般若》，知其未尽，矢志往求（《高僧传》本传）；道安订正旧译诸经，其后罗什重译，适与冥合，初无乖舛（《魏书·释老志》）。凡此之类，具征深智。"道生尝叹经典东流，译人重阻，多守滞文，鲜见圆义。于是校练空有，研思因果，乃立善不受报及顿悟义，笼罩旧说，剖析佛性，洞入幽微，说阿阐提人（译言多贪）皆得成佛。于时《大涅槃经》未至此土，孤明先发，独见迕众。旧学僧党，讥忿滋甚，摈而遣之。俄而《大涅槃经》至，果言阐提有佛性，与生说若合符契。"（《出三藏记集》卷十七）吾读此等记载，发生两种感想：其一，可见我先民富于"研究心"，虽于其所极尊仰之经典，并非一意盲信；其二，可见我先民有创作之能，虽于所未闻之学说，而精思所运能与符契。后此能蔚然建设"中国的佛教"，盖有由矣。以上为东晋之重要事业。

印度大乘性、相两宗，罗什所传来者则性宗也，而相宗则未之闻。梁、陈之交，真谛创翻《摄论》《俱舍》，法泰、智恺最能传其业，于是开大乘之"摄论宗"与小乘之"俱舍宗"。"摄宗"即后此"法相宗"之前驱也。世亲依《华严十地品》作《十地经论》，元魏时，菩提流支、勒那摩提合译之。北齐惠光治之最明，于是创"十地宗"，即后此"华严宗"之前驱也。以上为南北朝之重要事业。

自罗什译《中》《百》《十二门》三论，后百余年间传习极盛。至隋吉藏（嘉祥大师）大成之，创"三论宗"。此宗入唐转衰，其一部分入"天台宗"，一部分入"禅宗"焉。自《法华》、《涅槃》输入后，研究极盛。六朝时有所谓"法华宗"、"涅槃宗"者。至隋智𫖮（智者大师）神悟独运，依《法华》创"四教五时"之义，立止观之法。学者以𫖮居天台，名之曰"天台宗"。其后唐湛然（荆溪）益大弘之。中国人前无所受而自创一宗者，自"天台"始也。此为隋代之重要事业。

唐玄奘三藏孤游天竺，十又七年，归而译书千三百卷，为我学界第一恩人。而其所最服膺者为戒贤显识之论，于是大阐之，立"法相宗"，亦称"唯识宗"。其弟子窥基最能传其学，基住持慈恩寺，故此宗或称"慈恩宗"焉。自"十地宗"成立以后，《华严》研究日盛。唐法藏（贤首国师）与实叉难陀重译《华严》，乃大阐扬之，立"华严宗"，亦可谓中国自创之宗也。此后宗密（圭峰）、澄观（清凉）盛弘其业。自慧远提倡念佛，至唐善导大成之，是为"净土宗"。自道安提倡戒律，至唐道宣大成之，是为"律宗"。自唐善

无畏、金刚智传授密咒真言,是为"密宗"。此诸宗皆盛于唐,而其传最广而其流最长者,则"禅宗"也。相传佛灭度后以衣钵授大迦叶,心心相传,历二十八代而至达摩。达摩以梁时至中国,更不译经说教,惟物色传法之人。六传而至唐慧能(六祖大鉴禅师),乃大弘之,直指一心,不立语言文字,号为"禅宗",亦称"心宗"。其徒南岳让、青原思传之,后衍为"云门""法眼""临济""沩仰""曹润"之五宗。数百年间,遍天下焉。此宗虽称来自印度,然自六祖以前,既一无传布,则虽谓中国自创之宗焉可耳。禅宗与"天台""华严""法相"皆极盛于唐。彼三者称"教下三家",禅宗则称"教外别传"。此为唐代之重要事业。

通计佛教盛于中国前后将及千年,法海波澜,不无起伏。最初输入小乘,墨守所谓"三法印",即"万行无常""诸法无我""涅槃寂静"之教,以尘世为可厌,以涅槃为可乐。既而闻方等般若之说,谓涅槃真空。既并涅槃而空,则乐涅槃者丧其所据。此慧导、昙乐之徒所为大怖而盛诘也。般若昌明以后,空义既闻而习之矣。及《法华》《涅槃》传来,又明佛性不空。浅根闻之,疑非佛说。故道生阐提成佛之论,旧学指为邪说,集众而摈之也。诸大经次第都来,群疑亦既涣释。而"相宗"之入,犹滋疑议。所以者何?诸宗所说皆当今世西欧哲学所谓"形而上学"之一部分,相宗所说,则当其所谓"认识论"之一部分也。前此既未之闻,而其所用"因明"又为外道所同用;其论心物之法,又与小乘之《俱舍》相翼辅。重以繁重艰深,不易明习,则厌而蔑焉。故法泰"屡演《摄论》,道俗无受"(《高僧传·本传》)。直至奘师归来,乃始大昌。而数十年后已莫能为继也。教下三家,鼎立盛行;诸经义解,发挥略尽。然诵习愈广,渐陷贫子说金之讥,故禅宗出而荡其障。惟密传心印,取信实难,呵佛骂祖,滋疑尤众。故六祖得法黄梅,十年乃布。而荆溪著《金刚錍》

中国佛法兴衰沿革说略

玄奘法师像

插图本 梁启超说佛

六祖慧能大师

　　慧能,是中国禅宗的第六祖。俗姓卢,广东新州人。慧能的禅学思想,见于其弟子法海集记的《法宝坛经》。此经后来曾被神会系一度改编作为传宗的典据,故其中夹杂后起之说,但大体上还可见到慧能主张是舍离文字义解,而直澈心源。他说这种境界是"如人饮水,冷暖自知"。又说:心量广大,遍周法界,去来自由,心体无滞,即是般若。一切般若智,皆从自性而生,不从外入。若识自性,一悟即至佛地。慧能的禅法以定慧为本。

以非难之，自比于距杨墨。新说推行之不易，自古然矣。及夫两干开基，五花结实，禅宗掩袭天下而诸宗俱废。公案如麻，语录充栋，佛法于兹极盛，而佛法即于是就衰矣。

五

唐以后殆无佛学。唐以后何故无佛学耶？其内部之原因，则禅宗盛行，诸派俱绝。踞座棒喝之人，吾辈实无标准以测其深浅。其外部之原因，则儒者方剽窃佛理自立门户，国中上驷咸趋此途，而僧界益乏才。若在宋代求佛教史上有价值之人，吾惟数一延寿（永明禅师），倡"禅净合一"之教。"净宗"复兴，实受赐焉。戒环（温陵）之理解，抑其次也。元代师礼蕃僧，颇兴密教，其于显说，则未有闻。有明末叶，莲池（袾宏）、交光（真鉴）、妙峰（福登）、憨山（德清）、益（智旭）先后崛起，斯道称中兴焉。入清转衰。清诸帝虽皆佞佛，然实政治作用，于宗教无与，于学术益无与也。清僧亦无可特纪者，惟居士中差有人。晚有杨文会者，得力于"华严"，而教人以"净土"，流通经典，孜孜不倦。今代治佛学者，什九皆闻文会之风而兴也。

附 录

佛教大事表

（表例）

一、表至唐末而止，以后无大事也。
二、年代用西历，省混杂，便省览，惟诸帝纪元仍附注于下。
三、年代不能确考者，下附疑号（？）。

247年（吴赤乌十）　　立建初寺，江南有寺之始。
253年（吴建兴二）　　支谦卒，谦译经百种。
260年（魏景元元）　　朱士行出家，汉地沙门之始。
266年（晋泰始二）　　法护始译经。
269年（泰始五）　　　《方等泥洹经》初出（护译）。
272年（泰始八）　　　《道行般若》再出（护译）。
288年（晋太康九）　　《法华》初出（护译），
　　　　　　　　　　　《光赞般若》初出（护译）。
291年（晋元康元）　　《放光般若》再出（竺叔兰译）。
302年（晋太安元）　　《维摩诘经》再出(护译)，护卒（？）。
377年（苻秦建元九）　道安入长安。
384年（晋太元九）　　惠远入庐山。
387年（太元十二）　　《阿毗昙》初出（道安监译）。
389年（太元十四）　　道安卒。
397年（晋隆安元）　　《中阿含》《增一阿含》出。

399年	（隆安三）	法显往印度。
400年	（姚秦弘始二）	鸠摩罗什至长安。
402年	（晋元兴元）	智猛往印度。
403年	（秦弘始五）	《摩诃般若》三出（什译）。
	（晋元兴二）	《阿毗昙毗婆沙》初出（觉铠译）。
404年	（弘始六）	《百论》出（什译）。
405年	（弘始七）	《大智度论》出（什译）。
406年	（弘始八）	《法华》定本出，《维摩诘》定本出（什译）。
408年	（弘始十）	《小品般若》三出，《十二门论》出（什译）。
409年	（弘始十一）	《中论》出（什译）。
411年	（弘始十三）	《成实论》出（什译）。
412年	（弘始十四）	罗什卒。（凉玄始元）昙无谶至凉。
413年	（弘始十五）	《长阿含》出（佛念译）。
414年	（凉玄始三）	《涅槃》定本出（谶译）。
	（晋义熙十）	惠远结白莲社念佛。
416年	（义熙十二）	法显归国。
417年	（玄始五）	《大集》出（？）（谶译）。
418年	（义熙十四）	《大般泥洹》三出（？）（法显译）。
420年	（宋永初元）	晋译《华严》出（佛驮译）。
435年	（宋元嘉十二）	《楞伽》定本出（求那译）。
446年	（魏太平真君七）	魏焚佛经，坑沙门。
452年	（魏兴安元）	魏复佛法。
500年	（魏景明元）	菩提流支至洛阳。
504年	（梁天监三）	武帝集道俗二万人发愿皈佛法。
511年	（魏永平四）	《十地论》出（流支译）。
516年	（魏熙平元）	遣宋云、惠生求经于印度。

519年（梁天监十八）	慧皎著《高僧传》成。
522年（魏正光三）	惠生等赍经百七十部归。
527年（梁大通元）	达摩至建业。
553年（梁承圣二）	《大乘起信论》出（真谛译）。
563年（陈天嘉四）	《摄大乘论》、《俱舍论》出(真谛译)。
572年（周建德元）	周废佛、道二教。
575年（陈太建七）	智顗初入天台。
594年（隋开皇十四）	敕法经等撰众经目录。
597年（开皇十七）	智顗卒。
624年（唐武德七）	傅奕前七上书请废佛法不报。
628年（唐贞观二）	玄奘适印度。
645年（贞观十九）	玄奘归国始译经，《显扬论》出。
648年（贞观二十二）	《瑜伽师地论》出。
650年（永徽元）	《俱舍论》再出。
659年（显庆四）	《大毗婆沙论》出，《成唯识论》出。
663年（龙朔三）	《大般若经》出（以上俱玄奘译）。
664年（麟德元）	玄奘卒。
674年（上元元）	惠能受衣钵于弘忍。
676年（仪凤元）	惠能在曹溪开演宗门。
682年（永淳元）	窥基卒。
694年（武周延载元）	义净适印度。
700年（武周久视元）	唐译《华严》出(难陀译，法藏同译)。
701年（武周大足元）	法藏始在长安讲新《华严》。
705年（唐神龙元）	《佛顶首楞严》出（密谛、房融同译）。
712年（先天元）	惠能卒。
714年（开元二）	无畏至京师。
730年（开元十八）	智升撰《开元释教录》。

佛教之初输入

外来之佛教，曷为而能输入中国，且为中国所大欢迎耶？输入以后，曷为能自成中国的佛教耶？此答案非求根柢于历史焉不可也。

今吾所首欲讨论者，第一为佛教最初输入年代之问题，第二为最初输入地之问题。

"汉明帝时，始有佛法。"（韩愈《谏迎佛骨表》语）此二语殆成为二千年来公认之史实。吾人心目中，总以为后汉一代，佛教已粲然可观，乃参稽考证，而殊觉其不然（说详下）。《后汉书·西域传》论云："至于佛道神化，兴自身毒，而二汉方志，莫有称焉。……骞、超无闻者，岂其道闭往运，数开叔叶乎？"据此足证两汉时人，鲜知有佛，官书地志一无所载，学者立言，绝未称引。王充者，后汉学者中学识最赅博而最富于批评精神之人也。其所著《论衡》对于当时社会流行之思想，无一不加以批判矫正，独于佛教，未尝一字论列，此即当时此教未行一有力之反证。故语佛教之初纪元，自当以汉末桓、灵以后为断。但前此史迹，于此间消息，固亦有可窥一二者。

其一，朱士行《经录》称："秦始皇时，西域沙门室利防等十八人，赍佛经来咸阳，始皇投之于狱。"（《历代三宝记》卷一引）此经录本不甚可信，此种断片且传疑的史实，似无征引之价值。但最当注意者，秦始皇实与阿育王同时（秦始皇西纪前243～217年，阿育王西纪前266～230年）。阿育派遣宣教师二百五十六人于各地，其

河南洛阳白马寺

河南洛阳白马寺位于河南洛阳城东十二公里处，在汉魏洛阳故城雍门西，古称金刚崖寺，号称"中国第一古刹"，是佛教传入中国后第一所官办寺院。它建于东汉明帝永平十一年。

派在亚洲者，北至俄属土耳其斯坦，南至缅甸，仅有确证，且当时中印海路交通似已开（法人拉克伯里考据此事颇详）。然则育王所遣高僧或有至中国者，其事非不可能（佛门掌故称育王起四万八千塔，其二在中国。此虽荒诞，然或是育王与中国有关系之一种暗示），但藉曰有之。然既与当时被坑之儒同一命运，则可谓与我思想界没交涉也。

其二，鱼豢《魏略·西戎传》云："汉哀帝元寿元年，博士弟子秦景宪从大月氏王使伊存口受浮屠经。"（《三国志》裴注引《魏书·释老志》祖述其说）此事在历史上虽为孤证，然其时大月氏王丘就郤，正征服罽宾，而罽宾实当时佛教极盛之地，则月氏使臣对于佛教有信仰，而我青年学子之怀抱新思想者，从而问业，亦意中事。但既无著述，亦无传授，则影响固不及于思想界耳。

其三，《后汉书·楚王英传》云："英晚节更喜黄老学，为浮屠斋戒祭祀。永平八年，诏令天下死罪皆入缣赎，英……奉送缣帛赎愆。……诏报曰：'楚王诵黄老之微言，尚浮屠之仁慈，洁斋三月，与神为誓，何嫌何疑，当有悔吝，其还赎以助"伊蒲塞"（即优婆塞）、"桑门"（即沙门）之盛馔，因以班示诸国。'"此为正史中最古、最真之佛教掌故，中国人信仰佛教见于载籍者，自当以英为首。然以帝子之尊（英为光武子），而服其教，则在社会中先已植有相当之根柢可知。故教义输入，不得不溯源于西汉之季也。

其四，《后汉书·襄楷传》载桓帝延熹七年楷上疏云："闻宫中立黄老浮屠之祠。"此语见诸奏牍，必为事实无疑。帝王奉佛，盖自此始，此盖在永平百年后矣。

汉明之永平求法说，大略谓明帝感梦金人，遣使西域，赍还经像，创立寺宇。今藏中《四十二章经》，即当时所译；魏晋后之洛阳白马寺，即当时所建；甚者演为释、道两教竞技剧谭，谓佛教缘此盛弘京邑。虽然，试稍用严正的史识一绳之，则兹事乃支离不可究诘。盖当时西域交通正中绝，使节往返，为事实上所不可能。即兹一端，则此段史迹，已根本不能成立。其所宗据之《四十二章经》，察其文体，案诸经录，皆可断为两晋间人作，绝非汉时所有。至于各书关于兹事所纪载，其年月，其所遣之人，所历之地，所作之事，无一从同，而矛盾罅漏随处发现。故以吾之武断，直谓汉明求法事，全属虚构。其源盖起于晋后释、道阋争，道家捏造谰言，欲证成佛教之晚出。释家旋采彼说，展转附会，谋张吾军。两造皆乡曲不学之人，盲盲相引，其先后涂附之迹，历然可寻。治佛学史者，须先将此段伪掌故根本祓除，庶以察思想进展之路，不致歧谬也。

附录一

汉明求法说辨伪

汉明求法说,最初见者为西晋王浮之《老子化胡经》。王浮盖一妖妄道士,造为老子出关西度流沙之说,指彼佛陀为老子弟子者也。其书经六朝唐数次禁毁,稍有识者皆知其妄。独所造汉明求法说,反由佛教徒为之传播,洵一怪事也。其述此事概略云:

> 永平七年甲子,星昼现于西方,明帝梦神人。因傅毅之对,知为胡王太子成佛之瑞应,即遣张骞等经三十六国至舍卫。值佛已涅槃,乃写其经,以永平十八年归。

此种记载之荒谬,一望而知者,莫如张骞姓名。盖以二百年前之人物,插入此剧本中,其固陋太可怜矣!但尤有极强之反证,为世人所罕注意者,则西域交通之历史也。考《后汉书·西域传》云:

> 王莽篡位,贬易王侯,由是西域怨叛,与中国遂绝,并复役属匈奴。……永平中,北虏乃胁诸国共寇河西郡县,城门昼闭。十六年,明帝乃命将帅北征……遂通西域。……西域自绝六十五载,乃复通焉。

此纪西域通绝年岁,谨严详明。永平七年,正西域受胁匈奴构乱猖獗之时,下距十六年之复通且十岁,安能有遣使经三十六国入印度

之时？其不学杜撰，正与攀引张骞同一愚谬耳。即此一反证，而汉明求法说，已根本推翻，无复成立之余地。

然则王浮曷为造此说耶？彼不外欲证成其佛陀为老子后学之说。因佛经中言佛出世、成道、涅槃，皆有六种震动等瑞应，因谓恒星昼现，为佛成道之象，强派佛陀为汉明帝时人耳，故又言汉使至而佛已涅也。然则彼又曷为必托诸明帝耶？则永平八年赐楚王英之诏书，为其作伪取资之动机，殆可为断言。盖此诏书，必为当时佛教徒所最乐称道，因此不知不觉间，将汉明帝与佛教生出关系。伪造故实者，遂因而托之，殊不思彼诏书中"浮屠""伊蒲塞""桑门"等新名词已累累满纸，岂待闻傅毅之对而始知世间有所谓佛耶？

其次，踵述此说者，为东晋初年石虎著作郎王度奏议，有"汉明感梦，初传其道"二语（见《高僧传》卷十《佛图澄传》）。又次，则袁宏《后汉纪》（卷十）云：

> 帝梦见金人，长大，顶有日月光……而问其道，遂于中国图其形像。

其言皆极简单，不过姑沿俗说而已。又次，则《四十二章经记》记此事渐铺张扩大矣。此记见梁僧祐《出三藏记集》卷七，注云："未详作者。"然《四十二章经》，实吴晋间人伪作（详下），其记又当在经后，殆出东晋无疑。记云：

> 昔汉明皇帝夜梦见神人……明日问群臣，有通人傅毅对曰："臣闻天竺有得道者号曰佛……殆将其神也。"于是上悟，即遣使者张骞、羽林郎将秦景、博士弟子王遵等十二人，至大月氏国写取佛经四十二章，在十四石函中。

此记当注意者，则于"使者张骞"外，添出秦景、王遵等十二人；又所写经有四十二章之目，奉使之地，乃易印度为月氏。殆作此记者较博雅，知张骞仅曾到月氏，未到印度，故毅然矫正前失耶？秦景之名，盖影射受经伊存之博士弟子秦景宪而漏却一字。又误记其官，而别造一博士弟子名王遵者，实则羽林郎将，汉家并无此官名也。

复次，踵此记而增饰之者，则《牟子理惑论》也。此论见《弘明集》卷一，旧题汉牟融撰，实则东晋刘宋间人伪作（详下）。其叙此事，前半全同《四十二章经记》，惟改秦景官名为羽林郎中耳，然此官亦非汉所有也；下半则内容更加扩大，其文云：

……于大月支写佛经四十二章，藏在兰台石室第十四间。时于洛阳城西雍门外，起立佛寺，于其壁画千乘万骑，绕塔三匝。……

前记称"写取经在十四石函中"，似是指经在彼土藏以石函，至是则忽变为兰台石室第十四间矣！前诸书只言迎取经像，至是则言立寺洛阳，且指其地点矣！复次，则梁僧祐《出三藏记集》（卷一）四十二章经条下云：

……使者张骞、羽林郎中将秦景……于月支国遇沙门竺摩腾译写此经。还洛阳，藏在兰台石室。

此文与前异者，前书只言"写取佛经"，至是则写本变为译本；又于使节之外，忽添出一同来之竺摩腾。求法之成绩，益增上矣！及梁慧皎作《高僧传》时，"汉明求法"之传说，又生变化，其《摄摩

梁启超说佛

浙江杭州中天竺法净禅寺圆通殿

天竺山在浙江杭州西湖西面，中天竺寺在天竺山和灵隐寺之间的稽留峰北者。中天竺初建寺于隋代，吴越时名崇寿院。圆通是谓遍满一切，融通无碍，即指圣者妙智所证的实相之理。由智慧所悟之真如，其存在之本质圆满周遍，其作用自在，且周行于一切，故称为圆通。复次，以智慧通达真如之道理或实践，亦可称圆通。大佛顶首楞严经卷五谓，二十五位菩萨各个皆具圆通，共有六尘、六根、六识、七大等二十五圆通。此外，楞严会上二十五圣之中，以观世音之耳根圆通为最上，故称为圆通尊、圆通大士。

腾传》云：

汉永平中，遣郎中蔡愔博士弟子秦景等使往天竺寻访佛法。愔等于彼遇见摩腾，邀还汉地。

窃思彼时佛徒历史之学乃骤进，居然知张骞与明帝并不同时，急急抽换，乃杜撰出蔡愔其人者以为代。愔为大使，不可无官也，即以副使之官官之。又觉羽林中郎将为武职，非求法使臣所宜也，则删削颠之为"郎中"。其尤淹博可佩者，居然更知历年派充副使之秦景，其职业实为博士弟子，亟为之正名定分，而将随员中冒充博士弟子之

石雕菩萨

王遵革去。所惜者,秦博士向伊存受经时,上距永平已七十余岁,垂老而远行役,未免不情耳。然以较旧说,则已周密数倍。后此《魏书·释老志》《历代三宝记》等,皆祖述之,遂成为佛门铁公案矣!《高僧传》又云:

> 腾所住处,今洛阳城西雍门外白马寺是也。(《摄摩腾传》)
> 蔡愔至中天竺,时竺法兰与游化,遂相随而来,会彼学徒留碍,兰乃间行……达洛阳,与腾同止。……善汉言,译《十地断结》……《四十二章》等经五部。(《竺法兰传》)

使臣归国之结果,初但言赍还经像耳,第二步变为立寺,第三步则寺有所在地点,第四步则并寺名而有之矣。初则言使臣独归,第二步添出一译经之摩腾,第三步又添出一法兰,第四步则法兰译经且多种矣。凡此皆作伪进化之迹,历历可寻者也。

《汉法本内传》者,见唐道宣所撰《广弘明集》卷一,注云:"未详作者。"勘其事状及文体,盖出于元魏高齐释道交哄最烈时,其述此事,益极荒诞,略言:

> 蔡愔偕摩腾、法兰归,道家积不能平,道士褚善信等六百九十人,以永平十四年正月一日,抗表请比对。其月十五日,明帝集诸道士于白马寺,使与腾、兰二人赛法,道经皆焚烬。腾等现种种神通,道士费叔才惭死,吕惠通等六百余人出家,宫嫔等二百三十人、士庶千余人出家。

呜呼!作伪至此,叹观止矣!信如《法本内传》所说,则当时出家者已盈千累万,而三百年后王度奏事,乃谓汉魏之制,除西域人外不许出家，此等语安能形诸奏牍？信如《高僧传》所说，则摩腾、法兰已大兴译事，而下距安世高之来，垂百年间，无一新译，佛徒之辱其宗，不亦甚耶？

综以上所考证，吾敢断言曰，汉明求法，乃一羌无故实之谈，其始起于妖道之架诬，其后成于愚秃之附会。而习非成是，二千年竟未有人敢致疑焉！吾所以不能已于辩者，以非将此迷雾廓清，则佛教发展之阶段，无由说明，而思想进化之公例破矣。其有舛失，愿来哲匡之。

附录二

《四十二章经》辨伪

藏中本经,标题云:"佛说四十二章经后汉迦叶摩腾同竺法兰译。"《高僧传》云:"汉地见存诸经,唯此为始。"此语盖二千年来佛徒所公认。摩腾之姓,或作竺,或作摄,或作迦叶;此经或云摩腾译,或云法兰译,或云腾、兰同译;两人籍贯,或云月支,或云天竺。此皆枝末异说,未有从根本上致疑于其伪者。如吾前文所考证,汉明求法,既羌无故实,腾、兰二人,皆子虚乌有,则此经托命之点,已根本动摇。然则此经果何时代何人所作乎?此问题向佛典目录学中求之,或可解答一二也。

隋费长房《历代三宝记》(省称《长房录》)本经条下云:

旧录云:"本是外国经抄,元出大部,撮要引俗,似此《孝经》十八章。"……

此言此经性质最明了,盖并非根据梵文原本比照翻译,实撮取群经精要,摹仿此土《孝经》《老子》,别撰成篇。质言之,则乃撰本而非译本也。然则谁实撰之耶?吾以教理及文体衡之,则其撰人应具有下列三条件:(一)在大乘经典输入以后,而其人颇通大乘教理者;(二)深通老庄之学,怀抱调和释道思想者;(三)文学优美者。故其人不能于汉代译家中求之,只能向三国两晋作家中求之。

现存经录最古者,为梁僧祐之《出三藏记集》(省称《祐录》）。《四十二章经》之著录，即始于彼。原注云：

旧录云"孝明皇帝四十二章"，安法师所撰录，阙此经。

安法师者即道安，其所撰录，即所谓《安录》是也（今佚）。此经既不著于《安录》，则可断言为道安所未见。盖《安录》记载极博，虽疑伪之经，犹不阙遗。苟其见之，必当有所论列也。道安与苻坚同时，安既不见此经，则其出固当在东晋之中晚矣。但犹有一事当注意者，《祐录》《长房录》中所引"旧录"，为何人所撰？撰者在道安前抑在其后？若能得其出处，则《四十二章》之时代可以大明，因此又当牵涉及"经录研究"。据长房以后诸书所引，有曹魏朱士行著《汉录》。其书若真，则年代在《安录》前。然以僧祐博极群书，何以于此《汉录》一无征引？《高僧传·道安传》云："自汉魏迄晋，经来稍多，而传之人，名字弗说，后人追寻，莫测年代。安乃诠品新旧，撰为《经录》。众经有据，实由其功。"

然则安以前并无著经录之人，士行《安录》之伪托盖不待辩；而此所谓"旧录"者断非《士行录》，更不待辩。然则道安以后，僧祐以前之经录共有几种耶？据《大唐内典录》所记，有东晋竺道祖《众经录》四卷；有东晋支敏度《经论都录》一卷，《别录》一卷；有萧齐王宗《经录》一卷。此所谓"旧录"者，总不能出此三种以外。又考《祐录》阿述达经、大六向拜经两条下引"旧录"，《长房录》所引文全同，而称为《支录》。则凡僧祐所谓"旧录"，殆即支敏度之《经论都录》。若吾所推定不谬，《四十二章经》之著录实自《支录》始矣。支敏度履历，据《内典录》云："晋成帝时豫章沙门。"其人盖与道安同时。但安在北，而彼在南。然则此书或即其时南人所伪撰，故敏度见之而道安未见也。敏度又尝将《首楞严》、《维摩

诘》两经诸家旧译，汇而抄之，其序见《录》中。然则敏度盖有抄经癖，所谓"撮要引俗"者，实其专长。或此经即出敏度手，亦未可知也。

尤有一点应注意者，《长房录》于支谦条下，亦列有《四十二章经》，注云：

> 第二出，与摩腾译者小异，文义允正，辞句可观，见别录。

此别录即支敏度之《众经别录》（其他经录，无以别名者），然则度所编集，有两本矣。此经理趣文笔，皆与支谦诸书，系统相近，指为谦作，亦近情理。

要之此书必为中国人作而非译自印度，作者必为南人而非北人；其年代，最早不过吴，最晚不过东晋。而其与汉明无关系，则可断言也。

今当研究佛教初输入地之问题——向来史家，为汉明求法所

摩腾像

摩腾意译大象，中天竺人。擅长礼仪，解大小乘经典，常以游化为己任。昔日有次前往天竺一附庸小国讲《金光明经》时，正值外国军队侵犯国境。摩腾说道：据经上讲，能说此经法，为地神所护，使所居安乐。今将爆发战争，这不是以经法使人民获益的好机会吗？他因此发誓牺牲自己的利益，亲身前往边境劝和，结果使两个国家高兴地避免了战争，他自己也由此声名鹊起。

束缚，总以佛教先盛于北。谓自康僧会入吴，乃为江南有佛教之始（《高僧传》卷一《康僧会传》）。其北方输入所取途，则西域陆路也。以汉代与月支、罽宾交通之迹考之，吾固不敢谓此方面之灌输，绝无影响。但举要言之，则佛教之来，非由陆而由海；其最初根据地，不在京洛而在江淮。汉武帝刻意欲从蜀滇通印度，卒归失败，然非久实已由海道通印度而不自知。盖汉代黄支，即《大唐西域记》中西印度境之建志补罗国，时以广东之徐闻合浦为海行起点，以彼土之已程不为终点，贾船转相送致。①自尔以来，天竺大秦贡献，皆遵海道。②凡此皆足证明两汉时中印交通皆在海上，其与南方佛教之关系，盖可思也。

楚王英奉佛，固属个人信仰，然其受地方思想之熏染，盖有不可诬者。我国南北思想两系统，在先秦本极著明。北方孔、墨之徒，虽陈义有异同，然其重现世贵实行则一；南方自楚先君鬻熊，相传已有遗书，为后世道家所祖。老庄籍贯，以当时论，固南人也。其治学则尚谈玄，其论道则慕出世。战国末大文学家屈原，其思想之表现于《远游》诸篇者，亦与老庄极相近。盖江淮间学风与中原对峙，由来久矣。西汉初淮南王安，受封故楚，与其地学者苏飞、李尚辈讲论，成《淮南鸿烈解传》于今，集道家言之大成焉。然则在全国各地方、

---

① 《汉书·地理志》云："自日南、障塞、徐闻、合浦（案：皆今县名）船行可五月，有都元国。又船行可四月，有邑卢没国。又船行可二十余日，有谌离国。步行可十余日，有夫甘都卢国。自夫甘都卢船行可二月余，有黄支国。……自武帝以来，皆献见，有译长。……蛮夷贾船，转送致之。……平帝时，王莽厚遗黄支王令遣使送生犀牛。自黄支船行可八月到皮宗。船行可八月到日南象林界云。黄支之南有已程不国，汉之译使，自此还矣。"右所列国名，除黄支外，皆难确考其今地。大约皆在南洋群岛、锡兰及南印度境也。官书中纪其行程，则交通已颇频繁，盖可想见。考中国对外关系之沿革者，最当留意也。

② 《后汉书·西域传》天竺国条下云："和帝时数遣使贡献，后西域反叛，乃绝。桓帝延熹二年、四年，频从日南徼外来献。"又大秦国条下云："桓帝延熹九年，大秦王安敦遣使自日南徼外献象牙、犀角、玳瑁。"安敦即罗马皇帝 Antony 也。此皆中国海通最古之史迹。

各民族中，惟江淮人对于佛教最易感受，对于佛学最易了解，固其所也。中印交通枢纽，本在广东，但其时粤人太蒙昧，未能任此高尚教理之媒介。汉武平南粤后，大迁其人于江淮（《汉书·南越传》）。此后百数十年中，粤淮间交通当甚盛，故渡海移根之佛教，旋即播莳于楚乡，此事理之最顺者。而楚王英奉佛，即此种历史事实最有力之暗示也。

尤有一事当注意者，《后汉书·陶谦传》称："丹阳（今镇江）人笮融，在徐州广陵（今扬州）间，大起浮屠寺，上累金盘，下为重楼……作黄金涂像。……每浴佛辄多设饮饭，布席于路，其有就食及观者且万余。"融与曹操同时，其人为南人，其所治地为南土。其时佛塔之建造，佛像之雕涂，佛徒之供养，如此奢丽，此虽半由本人之迷信，然以历史家眼光观之，谓其不受社会环境几分之示唆焉，不可得也。

楚王英前后之佛教，度不过极粗浅之迷信谭耳，于后此教宗之建设，不能谓有多关系。其真为佛教理的输入者，不得不首推安世高。世高为译经之第一人，其书传于今者，真伪合计，尚三十余种。其为中国佛教开山之祖，固无待言。旧说皆谓世高译业在洛阳，然按诸《高僧传》本传，则世高在广州、在豫章、在荆州、在丹阳、在会稽皆有遗迹，淮以北则无有。①且为高襄译者，实临淮人严佛调。②以吾之武断，竟欲谓高译诸经，皆南方也。倘以上所推测不甚谬，则我国

---

①安世高传记，几纯属神话的性质，颇难悉认为史料，即其年代，非无可征信。通常之说，谓为汉桓帝时入中国。然有谓晋时犹生存者；又有谓彼前身死于广州，再世为安息王太子重来中国者。《高僧传》博采众说，言世高曾两到广州，曾往庐山䢼亭庙神，曾在荆州城东南隅立白马寺，曾在丹阳立瓦官寺，最后卒于会稽。其史迹多诡诞，不可尽信。然以情理度之，世高盖从海道来，在广东登岸，经江西北上，而在江淮间最久，江左人士受其感化甚深，故到处有其神话也。世高原籍安息（今波斯），时中印海运业，皆在安息人手。世高遵海来，最近于事实。

②严佛调所襄译事，或云安世高，或云安玄，然吾颇疑并无安玄其人者，或即世高之异名耳。

北京戒台寺戒坛殿戒台

　　北京戒台寺位于京西门头沟区马鞍山，距京城35公里，全寺占地面积4.4公顷，建筑面积8392平方米。戒台寺始建于唐武德五年之前，原名慧聚寺,至今已有一千三百多年的历史。戒台寺以戒坛、奇松和怪洞著称于世。戒台建于辽代咸雍五年（1605），与杭州昭庆寺、泉州开元寺并称"全国三大戒坛"，而其规模又居之首,故有"天下第一坛"之称。

佛教，实先从南方得有根据，乃展转传播于北方，与旧籍所传者，适得其反矣。

据上所述，则佛教实产育于老庄学派最发达之地，思想系统联络之迹，隐然可寻。故永平诏书，襄楷奏议，皆以黄老、浮屠并举，盖当时实认佛教为黄老之支与流裔也。其蔚为大国，则自魏晋以后耳。

然则北方佛教，果以何时始发展耶？吾所揣测，则翻译界第二座明星支娄迦谶，实其滥觞。谶以汉灵帝时至洛阳，各书记载，皆无异说。其襄译者孟福、张莲，皆洛阳人，更足为其译业在北之铁证（看《梁高僧传》本传）。即以翻译文体论，安高略采意译法，其文较华；支谶纯采直译法，其文极朴。读高书，则与老庄学每起联想，觉其易入；读谶书，苦不易索解，但觉其非我所固有。吾于初期两大译家，觇我民族两种气分焉。

欧人分印度佛教为南北宗，北宗指迦湿弥罗、犍陀罗所传者；南宗指锡兰所传者，因习闻中国佛教出西域，遂指为北宗所衍。欧人此种分类，吾本不以为然，但即如彼说，吾国亦两宗兼承，海通传南，陆通传北，而南宗之来，且视北为早焉。以现存译本论，世高所译，皆《阿含》中单品及上座部所传禅定法，其与锡兰之巴利藏经同一系统甚明；支谶所译，皆《华严》、《般若》、《宝积》中单品，大乘最昌时，那烂陀派所诵习也，故初期两译师实足为两宗代表也。顾吾于两宗之说，素不心折，但藉此验时代先后，明彼我思想骈进之状况而已。①

---

① 汉明求法说虽不足信，但其所依附各事迹，自必属于初期传说，因此转可以证明佛教之自南而北。彼言明帝所梦为"金人"，然以近世学者所考证，北印度佛像无涂金者。"金人"说殆因笮融造金像而起，此南印度案达罗派之雕涂也。又言蔡愔赍来之佛像为"倚像"，倚像明属西印度系统，若北方犍陀罗所造，则皆立像也。又言："西雍门外之佛寺，千乘万骑，群象绕塔。"此明属西印南印之图案也。以上区别，今世印度美术专家多能言之，吾因此益信汉魏间佛教，皆欧人所谓南宗也。

两晋以降，南北（此指中国之南北，非印度之南北）皆大师辈出。但衡大势以相比较，北方佛教，多带宗教的色彩，南方佛教，多带哲学的色彩；北人信仰力坚，南人理解力强；北学尚专笃，南学尚调融。在在皆足以表风气之殊，而各宗派之能纷呈其特色以光饰我思想史，亦未始不由此也。

　　佛教在汉代，虽渐得一部分人之信仰，然正式出家，犹为功令所禁。苻坚时著作郎王度奏云："汉初传其道，唯听西域人得立寺都邑以奉其神，其汉人皆不得出家。魏承汉制，亦循前轨。"（《梁高僧传》卷十《佛图澄传》引）此与唐贞观间许景教徒阿罗斯立大秦寺事同一律，盖我国历代相传"怀柔远人"、"不易其俗"之政策也。至于本国人之信仰，则尚加以限制。《历代三宝记》卷三年表中于魏甘露五年条下注云："朱士行出家，汉地沙门之始。"甘露五年下距晋之篡魏仅四年耳，则谓此禁至晋始开焉可也。要之秦景宪为中国人诵佛经之始，楚王英为中国人祀佛之始，严佛调为中国人襄译佛经之始，笮融为中国人建塔造像之始，朱士行为中国人出家之始。初期佛门掌故，信而有征者，不出此矣。

　　最后尤有一事当置辩者，即所谓《牟子理惑论》也。此书旧题汉牟融撰，若不谬者，则汉代佛教，可云已极光大。而本章所考证，皆为多事。但吾终不信此书为汉人著述，故未敢以此遽易吾说也。

附录三

《牟子理惑论》辨伪

《理惑论》三十七章，全文见梁僧祐《弘明集》卷一，题汉牟融撰，附注云："一名苍梧太守牟子博传。"《隋书·经籍志》子部儒家类，有《牟子》二卷，注云："后汉太尉牟融撰。"殆即是书。融字子优，不字子博，《后汉书》有传。其为太尉，在明帝永平十二年。史不称其有著书，本书称"孝明皇帝"云云其决非太尉融所撰，更不俟辩。即谓汉末有同姓名者，然书中自序，称："灵帝崩后……牟子将母避世交趾。年二十六，归苍梧娶妻，太守谒请署吏。"则苍梧平民非太守也，故仅就原书标题论，已支离不可究诘。序中又言笮融事，而文义不相属。窃疑此书为东晋刘宋间人伪作，初托诸笮融，或以笮字形近转讹为牟；或因笮融不得其死，传此书者欲别依托一有令誉之人，偶见后汉名融者有一牟太尉，又事热心求法之明帝，与佛有缘，遂展转嫁名于彼。此所推测，虽不敢必当，要之后汉初之牟融，决未尝著《理惑论》，而后汉末并无牟融其人者，则可断言也。

此书文体，一望而知为两晋六朝乡曲人不善属文者所作。汉贤决无此手笔。稍明文章流别者，自能辨之。其中更有数点，最足证明伪迹者。

（一）原文云："仆尝游于阗之国，数与沙门道士相见。"考《后汉书·西域传》："于阗自王敬矫命造乱被戕，桓帝不能讨，自此与中国绝。"灵、献之交，中国人安得游于阗？此必在朱士行西行求法以后，于阗交通盛开，作伪者乃有此言耳。

《牟子理惑论》

中国佛教论书。通称《牟子》,亦称《理惑论》。据唐神清《北山录》称,原名《治惑论》,唐人避高宗李治讳改今名。相传为东汉末年牟子著。主要记述释迦牟尼出家、成道、传教的事迹;佛经的卷数及戒律的规定;佛教关于生死问题的观点;佛教在中国初传的情况等。据称因看到"佛经之要有三十七品,老氏《道经》亦三十七篇",故效法而为三十七条问答。文中广引《老子》和儒家经书,以论证佛教与儒、道观点的一致,为中国较早的阐述佛教原理的书。

（二）原文云："今沙门剃头。""今沙门既好酒浆，或畜妻子。"汉魏皆禁汉人不得出家。灵、献时安得有中国人为沙门者？据此文所述僧徒风纪已极败坏，必在石赵、姚秦极力提倡举世风靡之后，始有此现象耳。

（三）原书凡三十七章，自云："吾览佛经之要有三十七品，故法之焉。"佛经皆译"章"为"品"，作伪者乃窃取斯义。考"三十七品"之名，始见于《维摩诘经》之佛国品，乃四念处，四正勤，四如意足，五根，五力，七觉支，八正道之总名，亦名三十七法，非篇章之谓也。作伪者耳食误用，殊为可笑，抑可证其书出支谦、罗什所译《维摩》盛行之后矣。

（四）原文云："世人学士，多讥毁佛法。"后汉人著述，亡佚虽多，其传于今者亦不少。至如单篇零札，裒而录之，可逾千篇。除襄楷奏议外，吾未见有一语及佛法者。王充《论衡》，专以批评为业，亦未齿及，此实汉代士夫不知有佛学之明证。既无闻见，安有毁誉？此作伪者，道晋宋间情状耳。

此书断断辨夷狄之教非不可用，此盖在顾欢《夷夏论》出世前后。其他辨毁容，辨无后，皆东晋间三教辩争之主要问题。而作此书之人，颇以调和三教为职志，亦正属彼时一部分之时代精神，故断为晋后伪书，当无大过。但理既肤浅，文复靡弱，其价值又出《四十二章经》下矣。

惟有一事足资旁证者，著书之地，托诸交趾。原序云："时交趾差安，北方异人，咸来在焉。"此或为汉末交趾佛教颇盛之一种暗示，盖当时中印交通实以日南为孔道也。

佛陀时代及原始佛教教理纲要

刘先生为诸君讲史，正讲到印度部分，因为我喜欢研究佛教，请我代讲"印度佛教"一章。可惜我所有关于佛教的参考书都没有带来，而且为别的功课所牵，没有时间来做较完密的讲义。现在所讲很粗略，而且还许有不少的错误，只好待将来改正罢。

所讲分两大部如下：

第一部 佛陀时代及原始佛教教理纲要。

第二部 佛灭后宗派之衍变及其衰亡。（此部缺）

十四，十，廿五，属稿，启超，清华。

佛生灭年 释迦牟尼佛到底什么时候的人呢？因为印度人看轻历史，而且时间观念，尤极麻糊，所以五印典籍中对于佛生灭年竟没有明确的记载。后来各地传闻到五六十种之多，最早的和最晚的比较相去至五六百年。直到最近，欧洲人用希腊史料考证亚历山大大王与印度之笈多大王会盟年代，循此上推，又参以新发现之阿育王的石刻华表，又参以锡兰岛的年代记，才考出释迦是在西纪前四百八十三年入灭，几成为学界定说。但中国大籍中原有一条孤证，即所谓"众圣点记"者，足与近说相发明，可惜向来佛教徒不注意且不肯相信。梁僧祐《出三藏记集》卷十一《善见律毗婆沙记》条下，记《善见律》卷末有一行，跋语云："仰惟世尊泥洹以来年载，至七月十五日受岁

竟，于众前谨下一点，年年如此。感慕心悲，不觉流泪。"隋费长房《历代三宝记》卷十一详载此事本末，大概如下，佛涅槃后，佛弟子优波离即时结集律藏，编成这部《善见律》，以其年七月十五日"夏安居"终了时，将这律用香花供养，随在律的末简点一点，年年如此。优波离临死，将这律传与弟子陀写佚，再传到须俱。如是师师相传，都系以那日点一点。到六朝时，那原本传到僧伽跋陀罗手。僧伽跋陀罗带到中国，以齐永明七年在广州竹林寺译成汉文，即以其年七月十五日下最后一点，共约九百七十五点。循此上推，知佛入灭在周敬王三十五年，鲁哀公七年，即西历纪元前四百八十五年，比孔子早死七年。这段"众圣点记"故事，虽祐、房两书记得很确凿，但中国唐宋后佛教徒，总喜欢把佛的年代提前，来压倒道教的老子。所以《释迦谱》、《佛祖通载》一类书，对于此说都肆行攻驳。现在欧人所考，若合符契，于是此说价值乃骤增。我们根据彼我两方最宝贵的资料，可以断定释迦牟尼是距今未满二千五百年前我国春秋末年和孔子同时的一位圣人。

佛之种姓产地及其略历 印度把人类分为四阶级：一婆罗门，二刹帝利，三吠舍，四首陀。我国译为四种姓。释迦属第二级之刹帝利种姓，他的产地是迦比罗城。西藏印度交界有座大雪山，那城即紧靠山麓，他便是城主净饭王的太子，俗名悉达多。他出世不到一个月便死了母亲，靠姨母抚育长成，十九岁便出家学道。相传未出家前，尝游四城，碰着生、老、病、死四种人，他发生无限感慨和非常烦懑，刻意对于人生问题求根本的解决。于是抛弃他的王位和一切世间娱乐，不管家人如何劝阻，毅然出家去。出家后到处求师访道，曾请教过当时有名的两位大师阿逻罗迦蓝和郁陀伽罗摩子。但讨论的结果，不能令他满足。于是跑到深林里苦行六年，每日仅食很少很少的东西维系着生命，到底无所得。最后他觉得路走得不对，卒抛弃这种无谓

菩萨壁画

的苦行,很舒泰的观察宇宙实相,到底被他发明这千古不磨的佛法。他确然自信已具"一切智",能度一切苦厄,不愿独善其身便了,更起而普度众生。于是巡行说法四十九年,从最初度憍陈如等五比丘起,到最后度百岁老妪须跋止,直接受业弟子数千,受感化在家修行者不计其数。他周游所及约及印度全境之三分一,屡游及常住的为摩竭陀国之王舍城、吠舍离城,拘萨罗国之舍卫城等处。七八十岁时,在拘尸城外婆罗双树下作最后之说法,遂入涅槃。

佛出世时婆罗门旧教之形势 印度文化发源于"四吠陀"Veda。"四吠陀"次第成立,其最大者盖起自佛前二千年,次则优波尼煞昙Vpanisad,或译为《奥义书》,亦起于佛前五六百年(《奥义书》即第四吠陀。前三吠陀偏重宗教仪式,此多言哲理。近人张本华曾极口赞叹,谓为人类最高智慧之产物。《奥义书》亦次第成立,最早之部分,盖起于佛前数百年,然佛时代及佛灭后似尚增补不少)。这都是婆罗门种姓所创造的文化,直至现代,所谓婆罗门教或印度教者,仍是在这一条线上,衍袭出来,即佛教也未尝不凭藉他做基础。虽然,当佛出生前后,实印度思想极混杂而革新机运将到之时。我们从佛典中断片的资料比较考证,可以看出当时有吠陀派与反吠陀运动之两大潮流。吠陀派中复可分为下列三条:

(一)婆罗门传统思想。他们有三句话:"吠陀是天书。""婆罗门种姓是人类中最尊贵的。""祭礼是万能的。"这种思想,本是一千多年传袭下来,到佛生时当然还保持着他的惰力。但是这种顽固专制主义,终不能永束缚方新之人心。况且那时的婆罗门骄奢淫逸,恰如欧洲宗教革命前之罗马旧教徒,其不能维持社会之信仰明矣。

(二)民间迷信对象之蜕变。吠陀纯属多神教,祭典极繁重。到那时人民渐厌倦那严格的仪式,往往在诸神之中择一神为信仰中心。那时最时髦的神有三个:一、梵天;二、昆纽挈天;三、湿婆天。信

般若波羅蜜多心經

觀自在菩薩行深般若波羅蜜多時照見五蘊皆空度一切苦厄舍利子色不異空空不異色色即

[元] 赵孟頫写经

印度苏摩塞建陀

  这件美丽的湿婆家庭群像雕塑有四臂的湿婆、塞建陀和帕尔瓦蒂。湿婆的神妃是雪山神女帕尔瓦蒂(Parvati)，又叫乌玛(Uma，光明、美丽)。湿婆的配偶起源于印度土著的母神，也像湿婆一样兼具生殖与毁灭双重性格，呈现温柔相与恐怖相等不同的相貌。帕尔瓦蒂或乌玛的形象是娇媚贤淑的妻子。湿婆的配偶的另一种形象杜尔伽(Durza，难近母)则是美艳而嗜杀的复仇女神，曾代表诸神杀死水牛怪魔希沙。还有一种形象迦梨(Kali，黑女神)，面目狰狞，酷爱血祭，属恐怖的死神。湿婆与帕尔瓦蒂的儿子塞建陀(Skanda)是可怕的战神。

仰对象，渐有由多神趋于一神之势。

（三）《奥义书》之哲学的研究。《奥义书》虽为四吠陀之一，但其中关于哲学理论方面的话极多。所谓"梵即我，我即梵"之最高理想，以视前三吠陀，实际上已夺胎换骨。与佛教先后并起之数论Samkhya、瑜伽Yoga两派哲学，虽仍宗吠陀，精神实已大生变化。

吠陀派本身形势既已如此，此外不满于吠陀教义的人，当然是益趋极端了。还有一点应该注意，当佛生前一二百年间，印度始终以恒河上游俱虑地方为文化中心。俱虑文化，纯然为婆罗门所造成。到佛生时，东部南部新创立四个王国，就中摩竭陀、拘萨罗两国尤强（后二百年统一全印的阿育王即摩竭陀王）。这两国都是最奖厉自由思想的国家，无论何派学者都加保护敬礼，所以"反吠陀派运动"都以这两国京城——舍卫及王舍城为大本营。自此印度文化中心也随政治中心而转移到东南了。自"反吠陀运动"发生以来，印度思想界极灿烂而亦极混杂。佛教即此参加此运动中之一派，而最能应时势以指导民众者也。

当时思想界之革新及其混乱　佛时代之印度思想界，恰如战国时代之中国思想界。写战国思想界最有趣味之著作，莫如《庄子·天下篇》、《荀子·非十二子篇》。在佛典中求此类性质之作品，则《长阿含》里头的《梵动经》和《沙门果经》便是。据《梵动经》所说，当时外道有六十二见（六十二种见解）。就这六十二家归纳起来，可分为八大类：第一类，常见论，主张世界及自我皆常存；第二类，半常半无常论，主张一切现象都一部分常存，一部分变灭；第三类，有边无边论，专讨论世界有限无限之问题；第四类，诡辩论，即不死矫乱论，对于一切问题都不下决定的解答，专为不可捉摸之说，故亦号捕鳗论。以上四类皆就现世立论，故谓之"本劫本见"，分属此四类者凡十八家。第五类，无因论，主张一切现象皆偶然发生，无因果

关系；第六类，死后有想无想论，专讨论死后意识是否存在及作何状态等种种问题；第七类，断见论，主张死后灭断；第八类，现法涅槃论，主张现在为最高理想境界。以上四类，皆就未来立论，故谓之"末劫末见"，分属此四类者凡四十四家。观此，则当时思想界之庞杂，略可概见。

诸家之中当时最有名的六大师，其学说梗概略见于《沙门果经》。

第一，富兰那迦叶。他是论理的怀疑论者，以为善恶没有一定标准，不过因社会习惯而得名。社会所谓善恶，未必便是真善恶，故为善为恶不应有业报。

第二，末伽梨拘舍罗。他主张极端的定命论，谓吾人之行为及运命皆为自然法则所支配，非人力所得如何。吾人欲求解脱，只有听其自然，到你的宿命注定你该解脱的时候，自然会解脱。提倡一种恬淡无为之教，和我们的老庄哲学颇相类，佛家叫他做"邪命外道"。

第三，阿夷多翅舍钦婆罗。他是极端的唯物论者，谓人生由"四大"——地、水、火、风的物质合成，物质外更无生命，死后一切断灭。故人生之目的，只求现在的享乐，一切严肃的伦理道德论皆当排斥。绝似我们的杨朱派哲学，佛家叫他做"顺世外道"。

第四，浮陀迦旃延。他是极端的"常见"，与顺世外道之极端的"断见"正相反对。他主张物心二元不灭论。他说人生由七种要素——地、水、火、风、苦、乐、生命——合成，生死不过七要素之集散离合现象，七要素的本身并不因此而有生灭。例如人被刀杀死，依他说，不过那刀把一时集合的地、水、火、风折散，于生命存亡无关。他用这种理论来鼓励人不必怕死。

第五，散惹耶毗罗梨子。他是诡辩派，他是"不死矫乱论者"。他的持论如何，我不甚了了，但知道佛的大弟子舍利弗、目犍连两

耆那教崇拜的巴胡巴里神像

耆那教崇拜的巴胡巴里神像是一尊巨大的花岗石石像,高达18.2米,威严雄伟、光彩夺目。每隔12年,耆那教徒在此举行一次巴胡巴里神像灌顶仪式,用牛奶、水、椰子汁、糖水、檀香糊、郁金粉、甘蔗汁、朱砂及花瓣等给这尊神像清洗打扮。仪式庄严肃穆,盛况空前,各地的耆那教徒都赶来参加。据说,1981年巴胡巴里诞辰1000年时,来这里参加庆典的耆那教徒有50万人。

米拉日巴像

　　米拉日巴,藏传佛教噶举派第二代祖师、著名高僧、密宗修行大师,出生于芒域贡塘地区(今日喀则地区吉隆县)。他的《米拉日巴十万歌集》,是九百年前在雪域的喜马拉雅山野对弟子和拥护者即席吟唱的,至今已被翻译成多国文字。由于长期以野荨麻果腹,他的皮肤竟变成了绿色。米拉日巴以独自在山洞闭关数十年,只着一袭白衫,在一生中即悟道成佛而闻名。从十一世纪至今,作为一位法道行者的榜样,他已经启发了无数世代的出家众与在家众。

人,当未从佛以前,是散惹耶门下大将,因此可想见他学说在哲学上总该有相当价值了。比方先秦诸子,当是惠施、公孙龙一流。

第六,尼乾户若提子。他是有名的"耆那"教开山之祖,在印度思想史上的所占地位,几与释迦牟尼同一重要。当时佛教徒和耆那教徒接触最频繁,佛经中记两家辩论的话最多。他的教理是标立生命、非生命的二元为基础,用种种严整的范畴来说明他。实践方面,他主张极端的苦行,很像中国的墨家哲学"以自苦为极"。

以上六大师,其名屡见佛典中,都是当时最有名的哲人。与释迦牟尼同为对于吠陀旧教之革命者,同在摩竭提、拘萨罗等新兴国召集徒侣宣传教义,同受那些国王们的敬礼。内中最盛行的为佛教与耆那教,恰如儒墨两家在战国时称为"显学";次则邪命外道,恰似老庄派的地位;更次则顺世外道,恰如杨朱。其余三家似不甚振。

既了解当时思想界形势之大概,从此可以讲到佛教之特色及其价值了。

以中庸实践为教的佛教　若以各派外道比先秦百家言,则释迦恰是那时印度的孔子。他在群言淆乱之中,折衷长短,以中庸为教。就修养方法论,一面有顺世派之极端快乐主义,一面有耆那派之极端苦行主义。释迦两皆不取,以"不苦不乐"为精神修养之鹄。就灵魂问题论,一面有极端常住论者,一面有极端断灭论者。释迦两皆不取,提出"因缘和合"之流动生命观。就因果问题论,一面有极端的宿命论,一面有极端的无因论。释迦两皆不取,以"自业自得"明道德的责任。诸如此类,对于一切问题皆然。故佛家常自称为中道教Majjhao,和孔子所说"执其两端用其中于民"同一精神。

一般人多以佛教为谈玄家,在后此各派佛学诚有此倾向,原始佛教却不然。释迦是一位最注重实践的人,当时哲学界最时髦的问题如"世界有始无始","有边无边","身体与生命是一是二","如

未死或不死"……等等。有人拿这些问题问佛或佛弟子,大抵皆答以"无记"(无记是佛教术语,中性的意思,或不下断定的意思)。为什么无记呢?佛以为不必研究,研究徒耽搁实践工夫,于人生无益。《中阿含》卷六十有《箭喻经》一篇,说得最痛快。当时有位鬘童子拿这些问题问佛,佛答道:"譬如有人身中毒箭,命在呼吸,做医生的当然该火急把箭拔出敷上药来救他。倘使那医生说:'且慢拔箭!我先要研究病人姓甚名谁,身材面色长短粗细黑白,刹帝利种抑吠舍种、首陀种。且慢拔箭!我要先研究这弓是桑做的抑或柘做的、犀做的、角做的,弓弦是牛筋还是鹿筋还是丝。且慢拔箭!我要先研究箭羽是什么毛,箭镞是什么金属。且慢拔箭!我要先研究造箭的人姓甚名谁,那箭来自何处。'如此,不等到你研究清楚,那病人早已死了。"这段譬喻,真算得千古妙文快文。因此可见,释迦说法并不是谈空说有闹着顽,他是一位最忠实的临床医生,专讲究对症下药。凡一切玄妙理论,"非梵行本,不趣智,不趣觉,不趣涅者,一向不说"(《箭喻经》原文)。就这一点论,和孔子说的"未能事人焉能事鬼?未知生焉知死?"正同一态度。

理论与实际之调合 然则释迦绝对的排斥理论吗?不不!当时正是《奥义书》研究极盛的时候,诸家学说,都以哲学的思辨为后盾。释迦若仅如基督之宣传直觉的福音,或仅如孔子之提示极简要的实践伦理,决不足以光大其学。况释迦之为教,与一般所谓宗教不同。一般宗教,大率建设于迷信的基础之上。佛教不然,"要解信","要悟信"(因解得信,因悟得信)。释迦唯一目的在替众生治病,但决不是靠神符圣水来治,决不是靠汤头歌诀来治。他是以实际的医学为基础,生理解剖,病理……等等,一切都经过科学的严密考察、分析、批评,然后确定治病方针。不惟如此,他要把这种学识传给病人,令他们会病前豫防,病中对治,病后疗养,把自己本身力量培养

佛陀在人间（原始佛教）

发展用来铲除自己病根。就这一点论，释迦很有点像康德，一面提倡实践哲学，一面提倡批判哲学，所以也可以名佛教为"哲学的宗教"。

假使我们认佛教是一派哲学，那么这派哲学所研究的对象是什么呢？佛未尝不说宇宙，但以为不能离人生而考察宇宙。换句话说，佛教的宇宙论，完全以人生问题为中心，所以佛的徽号亦名"世间解"Lohavidu。再详细点说，佛教并不是先假定一种由梵天或上帝所命令的、形而上的原理拿来作推论基本，他是承认宇宙间一切事实，从事实里面用分析综合工夫观察其本来之相——即人生成立活动的真相。

然后根据这真相,以求得人生目的之所归向。所以佛教哲学的出发点,非玄学的而科学的,非演绎的而归纳的。他所研究的问题,与其说是注重本体,毋宁说是注重现象;与其说是注重存在,毋宁说是注重生灭过程。他所以和婆罗门旧教及一切外道不同者在此。

　　佛经最喜欢用"如实"两个字,又说"如实知见","诸法实相"等等。"如实"者,即"恰如其实际"之谓。对于一切现象,用极忠实的客观考察法以求得其真相,不容以自己所愿望所憎嫌者而加减于其间。为什么呢?佛以为用"情执"来支配认识,便是致"迷"之根本。佛尝述自己之经历,说他未成道以前,在深林中修行,对于夜里的黑暗而生恐怖。他用当时外道通行"视夜如昼,视昼如夜"的方法来对付他,虽然能暂时将恐怖摆脱,但他以为这种诬蔑事实的方法断断不可用,必须在"昼即昼,夜即夜"的真实观念之下,而能摆脱黑暗的恐怖,才算是真无恐怖。(见巴利文中《阿含经》卷四,汉译本漏却此条,今据木村泰贤《原始佛教思想论》所译引。)所以宗教上的兴奋剂或麻醉剂,虚构没对证的话,令信徒因自欺而得安慰,佛所最不取也。佛教彻头彻尾在令人得"正解",得"般若"(译言智慧),以超度自己。正解般若最要的条件便是"如实",凡非"如实知见",则佛家谓之邪知、邪见。质而言之,佛教是建设在极严密极忠实的认识论之上,用巧妙的分析法解剖宇宙及人生成立之要素及其活动方式,更进而评判其价值,因以求得最大之自由解放而达人生最高之目的者也。

　　从认识论出发的因缘观　　宇宙何以能成立?人生何以能存在?佛的答案极简单——只有一个字——"因缘"。因缘这个字怎么解呢?佛典中的解释,不下几百万言,今不必繁征博引。试用现代通行的话解之,大约"关系"这个字和原意相去不远。佛自己解释"因缘"最爱用的几句话是:"有此则有彼,此生则彼生;无此则无彼,此灭则彼灭。"（这几句话四《阿含》里头不下百数十见，今不必注出处。）这几句话又怎么解呢？他是表示宇宙一切现象都没有绝对的存在，都是以相对的依存关系而存在。依存关系有两种：一同时的；二异时的。异时的依存关系，即所谓"此生则彼生，此灭则彼灭"。此为因而彼为果。同时的依存关系，即所谓"有此则有彼，无此则无彼"。此为主而彼为从。但是，从某一观点看，固可以说此因彼果、此主彼从。换一个观点看，则果又为他现象之因，因又为他现象之果。主从关系亦然。所以不惟没有绝对的存在，而且没有绝对的因果主从，一切都是相对的。由此言之，所谓宇宙者，从时间的来看，有无数之异时因果关系；从空间的来看，有无数之同时主从关系。像一张大网，重重牵引，继续不断，互相依赖而存在。佛教所谓"因缘所生活"，就是如此。

再详细点讲，佛所谓"同时依存关系"者，最主要之点是："主观的能认识之识体"与客观的所认识之对象相交涉相对待而成世界。佛经里屡说的"识缘名色，名色缘识"，这两句便是因缘论的根据。今引《杂阿含经》卷十二的一段如下：

> 佛说：譬如有两根束芦（束芦系印度一种植物，中国像没有）互相依倚才能植立。朋友们，缘名色而有识，缘识而有名色。此生则彼生，此灭则彼灭，正复如此。朋友们，两根束芦，拿去这根，那根便竖不起来；拿去那根，这根也竖不起来。名色灭则识灭，识灭则名色灭，正复如此。

我们想了解这段话，不能不先把"名色"两个字解释一下。佛说一切众生之存在，都是由"五蕴"的因缘和合。五蕴者，一色，二受，三想，四行，五识。色蕴谓之"色"，受、想、行、识四蕴

谓之"名"。色者指宇宙间一切物质及人身上眼、耳、鼻、舌、身诸器官,名者指心理活动的状态。简单说,色是指物质的和生理的现象,名是指心理的现象。这两项把人生活动之全部,都包含尽了,实为认识之总对象,佛家给他一个总名叫做"名色"。我们何以能认识这些名色呢?那种本能就叫做"识"。主观的要素——识,与客观的要素——名色,相对待相接触,名之曰"因缘"。但最当注意者,主观客观两要素,并非有现成的两件东西如两个球呆呆相碰。依佛所说,主观即构成客观之一条件,客观亦即构成主观之一条件,离主观则客观不能存在,离客观则主观

佛陀在人间(原始佛教)

不能存在。故曰："识缘名色，名色缘识；此生则彼生，此灭则彼灭。"宇宙万有，皆藉此种认识论的结合，而得有存在之相以供我们研究。佛所谓"因缘所生法"者如此。所以极端的唯物论家说万有不过物质集散现象，与极端的观念论家说万有不过人心幻影构成，由佛看来，都非"如实"之相。

所谓"异时依存关系"者，即佛成道前七日在菩提树下所发明之"十二因缘观"——所谓"无明缘行，行缘识，识缘名色，名色缘六入，六入缘触，触缘受，受缘爱，爱缘取，取缘有，有缘生，生缘老死"。人生一期，到老死而终结。老死总是人世最悲哀的事，故印度所有宗教和哲学，都以脱离老死为目的——佛教是否亦以此为目的，另一问题。但佛以为若想脱离老死，不可不先知老死之来源，于是即以此为观察之出发点："为什么有老死？有'生'故有老死。为什么有生？有'有'故有生。……乃至为什么有识？有'行'故有识。为什么有行？有'无明'故有行。"如是像剥蕉一般，层层剥进去，剥到尽头，以"无明"为最初的动因。从无明到老死这十二件，都是以因果连锁的关系，组织成人生之一期。其中最主要之枢纽，则尤在"识"与"名色"。今列举十二件之梵文及其略释并示其相缘之关系如下：

(1) 无明（avidya）无意识的本能活动

↓

(2) 行（samskara）意志之活动

↓

(3) 识（vijnna）能认识之主观要素

↓↑

(4) 名色（nama-rupa）所认识之客观要素　义已详前

↓

(5) 六入（sad-ayatana）感觉的认识机关——眼耳鼻舌身意
↓
(6) 触（sparsa）感觉
↓
(7) 受（vedana）爱憎的感情
↓
(8) 爱（trsna）欲望
↓
(9) 取（upadana）执著
↓
(10) 有（bhava）世界及各个体之物理的存在
↓
(11) 生（jati）各个体之生存
↓
(12) 老死（jara-marana）各个体之老死

佛在菩提树下作如是思惟：（1）老死及与老死连带而起的忧悲苦恼，是人类所不能免的，这些都缘何而来？当然因为有这（2）生命。生命从那里来呢？这问题便是"缘起观"（即因缘观）的出发点。人之所以生，条件很多。依佛说，最主要的条件是"有"。佛家对于有的解释，所谓"三界有"，指器世界及有情世界（器世界指地球乃至恒星系，有情世界指人类及其他生物）。必须有此世界，然后生命有所寄托，故列为第三件。"有"从哪里来呢？佛说"有缘取"，取者执著之意。佛以为苟无执著，则三界不过物理的存在，和我们不生关系。（例如戏场只管热闹，我不打算看戏，那戏场便不是我的世界。）执著从哪里来呢？佛以为由于有爱——即欲望，欲望即生命活动之发源也。欲望从哪里来呢？由于领受外界现象而发生爱憎的情感,故"爱缘受"。怎么能领受而生情感呢?由于与外界接触而有感觉,故"受缘触"。必有感觉机关才能感觉,故"触缘六入"。感觉机关以何为依存呢?由于五蕴和合,故"六入缘名色",名色便是生命组织体之全部。"名"指受想行识四蕴,包含一切心理状态,前文已经说过。"识"本是四蕴之一,属于名之一部分,但佛从认识论的立场特提出"识"为能认识之主观要素,其关系略如一家族中有主人。主人本家族之一员,但以主人治家,主人与家便立于对待的地位。佛之别"识"于"名色",意盖在此。如此"识缘名色,名色缘识",如前表所示"名色↔识"之关系,是为因缘论最主要的关键。再往上追求,我们的识——即认识活动,从何而来?由于有意志,佛

梁楷绘罗汉图

谓之"行"。行又从那里来呢?佛以为是由于无意识的本能活动,叫做"无明"。

以上十二因缘,为佛教一切原理所从出。若详细解释,则七千卷《大藏经》皆其注脚。我现在所说,不过粗举其意而已。要之,佛以为一个人的生命,并非由天所赋予,亦非无因而突然发生,都是由自己的意志力创造出来。现在的生命,乃由过去的

"无明"与"行"所构成。当生命存在期间,"识""名色""六入""触""受""爱""取""有"刹那刹那,展转相缘,增长"无明"的业力,义造出未来的生命,于是乎继续有"生",有"老死"。后此说一切有部详细解释,谓之"三世两重因果"。这些道理,要懂得"业"与"轮回"的意义之后,方能明了。今将三世两重因果说图示如下:

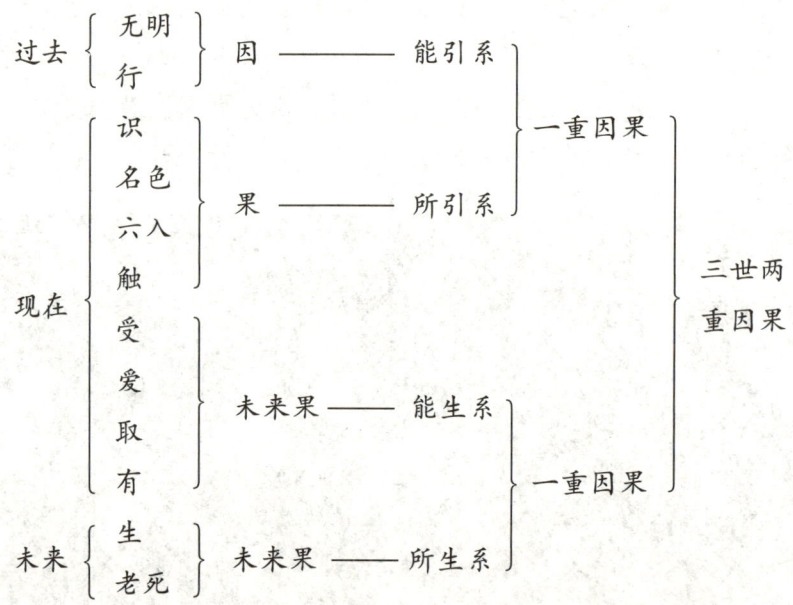

业与轮回 依一般人的常识,所谓生命者,以出生之日起,到死亡之日止,截头截尾,无来无去。从佛家的眼光看,人生若果是如此,那么,我们之出生乃偶然间突如其来,这便是"无因论";死了之后,什么都没有,这便是"断灭论"。佛以为两种论都不合理,于是用他的智慧观察,发明"业力轮回"之一大原则。

"业"梵名Karma,音译为"羯磨"。用现在的话来解释,大约是各人凭自己的意志力不断的活动,活动的反应的结果,造成自己的性格；这性格又成为将来活动的根柢，支配自己的运命。从支配运命那一点说，名曰业果或业报。业是永远不灭的，除非"业尽"——意志活动停止。活动若转一个方向，业便也转个方向而存在。业果业报决非以一期的生命之死亡而终了，死亡不过这"色身"——物质所构成的身体循物理的法则由聚而散。生命并不是纯物质的，所以各人所造业，并不因物质的身体之死亡而消灭。死亡之后，业的力会自己驱引自己换一个别的方向、别的形式，又形成一个新生命，这种转换状态名曰"轮回"。懂得轮回的道理，便可以证明"业力不灭"的原则。

业的形相究竟怎么样呢？诸君听见过那些收藏宜兴茶壶的人的话吗？茶壶越旧越好，旧茶壶而向来所泡都是好茶则更好。为什么呢？每多泡一次茶，那壶的内容便生一次变化。茶吃完了，茶叶倒去了，洗得干干净净，表面上看来什么也没有，然而茶的"精"渍在壶内。第二次再泡新茶，前次渍下的茶精便起一番作用，能令茶味更好。如此泡过二次三次乃至几百几千次，每次渍一点，每次渍一点，久而久之，便不放茶叶，拿开水冲进去，不到一会，居然有色有味，可以当茶喝。吃鸦片烟的人亦然。他们最讲究用旧枪旧斗，非此不过瘾，因为旧枪旧斗渍有无穷的烟精。这种茶精、烟精，用佛家话，便可以说是茶业、烟业。我这个比喻虽然不十分确切——拿无生命的茶烟比有生命的人当然不能确切——但循此着想，对于业的形相也可仿佛一二了。我们所有一切身心活动，都是一刹那一刹那的飞奔过去，随起随灭，毫不停留。但是每活动一次，他的魂影便永远留在宇宙间不能磨灭，除非所得果报已经和他对冲抵销，这便是业力不灭的公例。一种活动，能惹起别种活动而且能令别种活动生影响起变化，这便是业业相引的公例。每一次活动所留下的魂影，便形成自己性格之一部分，支配自己将来的命运，这便是自业自得的公例。

业又有"自分别业""同分共业"之两种。茶壶是死的、呆的、各归各的,这个壶渍下的茶精,不能通到那个壶。人类不然,活的、整个的、相通的,一个人的活动,势必影响到别人,而且跑得像电子一般快,立刻波荡到他所属的社会及人类全体。活动留下来的魂影,本人渍得最深,大部分遗传到他的今生他生或他的子孙,是之谓"自分别业";还有一部分,像细雾一般,霏洒在他所属的社会乃至全宇宙,也是永不磨灭,是之谓"同分共业"。例如我们说"清华学风",说"中国国民性",这两句话怎么解呢?你想叫清华学校拿出他的学风给你看,那是拿不出看不见的。然而"清华学风"这样东西是确实有的。问他从哪里来呢?当然不是上帝赋予的,当然不是无因而生的,全是自清华成立以来,前后全部师生各个人一切身心活动所留下的魂影,霏洒在清华学校这个有机体上头,形成他一种特别性格。例如我今晚在堂上讲两点钟书,便也替清华造了一部分的业;诸君刚才在运动场打了半点钟的球,便也替清华造了一部分的业。所有种种活动,都能引起清华里头自己或别人、同时或将来的别种活动,且能规定其活动方向之几分。这些活动魂影,一点一点积起来——像宜兴壶里茶精一般,便成了所谓清华学风者。中国国民性亦然。所谓同分共业,其意义大概如此。

以上所说,业的意义大概可以明了了。以下请说"轮回"的意义。

轮回梵文Samsara,直译之则流转之义。佛所说轮回,并非如现在和尚们或妇人女子们所揣想,各人有一个灵魂,死后"灵魂出壳",跑到别个地方去变人变猪变狗,像炮弹子从炮膛打出去打到别处。这种话是外道的"神我说",与佛说最不能相容。关于这一点,在下文讲"无常无我"那一节再详说。现在先说佛的轮回说之大概。

依佛的意思,人生时时刻刻都在轮回中,不过有急性,有慢性。

慢性的叫做"生灭"或叫做"变异"，急性的叫做"轮回"（轮回不过各种变异形式中之一种）。你看，我们肉体，天天变化。我身上的骨肉血，不到一个礼拜已经变成了街上的粪泥尘。何止生理上如此，心理上的活动，还不是时时刻刻变迁。现在站在讲堂上的梁启超和五十年前抱在他母亲怀里的梁启超，到底是一个人还是两个人，也很可以发生疑问。这种循环生灭之相，我们便叫他做轮回也可以。不过变异得甚微而且甚慢，我们不觉得不惊异。这种循环生灭，常人以为到死时便全部停息，依佛的观察则不然。只要业力存在，生灭依然相续，不过经一个时期，画一个段落，到那时忽然现一种突变的状态。这种突变状态，给他一个特别名词叫做轮回。有位黎士德威夫人Mrs.Rhys Davids做一个图形容得甚好：

$A—A'—A''—A'''—A^n……anB—B'—B''—B—B^n……bnC—…………$

譬如A是假定的一个人本来的性格，他时时刻刻活动不休，活动的反应（即业）渐渐添上别的新成分，变为A'，次第往前活动去。从前的业依然保留，随时又添上新的变为A''、A'''，到最后把这一个时期的经验都积集起来变为A^n，便是这一期生命所造业的总和。这个人的肉身，受物理原则的支配，到某时期当然会死去，但A^n的业依然不灭，得个机会，他便变而为B。其实B是由A^n突变而成，表示他突变的关系，可以写为"anB"。以后"bnC"、"cnD"、"dnE"递续嬗变下去，都是如此。从表面看，ABCD截然不同形，实则B的原动力由A来，A'、A''、A'''的种种业，都包含在B之中。A为B因，B为A果，所谓三世两重之因果便是如此。这样看来，轮回恰像蚕变蛹，蛹变蛾，表面上分明三件东西，骨子里原是一虫所变。说蚕即蛾也不对，说蚕非蛾也不对；说蛾即蚕也可以，说蛾非蚕也可以。

观世音菩萨

观世音菩萨，又作观音菩萨、观自在菩萨、光世音菩萨等，从字面解释就是"观察(世间民众)的声音"的菩萨，是四大菩萨之一。相貌端庄慈祥，经常手持净瓶杨柳，具有无量的智慧和神通，大慈大悲，普救人间疾苦。

还有一个譬喻，一棵树经一期的活动，发芽、长叶、开花、结子，子中所藏的核，便将这树所有特性全部收集在里头。表面上看，核里一无所有，叶也没有，花也没有，但他蕴藏着那能引起开花发叶的"业力"，所以碰着机缘（例如种植）便会创造出一棵新树。新树与旧树，也类似一种轮回了。假定这核系桃核，栽出来的新树当然也是桃，不会变做李。但是，倘使换一块地土去栽，另用一种新肥料培养他，将来所结桃果，便会别是个味儿。假使把苹果树给他接上，那桃又必带有苹果味。将来把这个新核再栽出新树，又必结出带苹果味的桃子。这个譬喻，可以说明佛家所谓"种子现行相熏相引相生"的道理。桃核即"种子"，即十二因缘第一支之"无明"。核是前身桃树的结晶，把旧桃的特性（即业）全部收集在里头，故亦称业种。无核则新桃不会发生，所以说"一切众生皆由业转"。核的本身蕴藏有开枝发叶的原动力，便是第二支的"行"。假使那核煮过或泡过，种子焦了烂了，失却原动力，便不会生长。原动力是种子能发生的条件，所以说"无明缘行"。无明是种子，行是种子固有之属性，所以两项可以统名为种子。这两项都是从过去世遗传下来，新桃树未出现以前，核的本身自有这种作用，这便是能生的因。那核栽在地下，本身的原动力将他所含特性发动起来和外界环境相感应，于是发芽、长叶、开花、结子乃至叶落根枯到这树的一期生活修了，都谓之"现行"。识、名色、六入、触、受、爱、取、有都是现行的变化，种子靠现行的熏习力才能逐渐开发，否则核只是核，不会发芽；芽只是芽，不会长叶开花等等。现行也靠种子的熏习力才会跟着自己特性那条线上开发上去。桃核开发出的是桃不是杏，杏核开发出的是杏不是梨，这便是种子现行相熏相引。一期生活的现行中，内力受外界刺激起种种反应，原种子也跟着变化，渐渐形成这一期的新特性。例如桃树接上苹果，便成了含有苹果成分的特种桃。此外因气候、土质、肥料、人工等等之特殊，所资以形成其特性者不知凡几。这种特性总合起来——即"业"之总和，全部分又蕴藏在新结的核里头，为下一次别棵桃树的新种子。十二支的最末两支——"生""老死"，即他所生的未来之果，这便是前节说的"三世两重因果法则"。拿现在的话讲讲，种子可以勉强说是遗传，现行可以勉强说是环境。（但佛家所谓种子现行，比生物学家所谓遗传环境函义更广。）禀受过去的遗传，适应于现在环境为不断的活动。活动的反应，形成新个性，又遗传下去。业与轮回的根本理法大概如此。（注意，拿树来比人，总是不对，因为树是没有意识的，所以"识缘名色，名色缘识"的道理，拿树譬喻不出来。人类活动以"识"为中枢，识之活动范围极广大，事项极复杂。种子受熏习而起的变化，亦与之相应，当然不是一棵树一期生活之变迁所能比了。）

　　我们若相信佛说，那么，我们的生命，全由自己过去的业力创造出来，也不是无因而生，也不是由天所命。在这生命存在的几十年间，又不歇的被这业力所引，顺应着环境，去增长旧业，加添新业。一切业都能支配未来的生命，近之则一秒一分钟后一日后一年后几十年后的未来，远之则他生永劫的未来。循自业自得的公例，丝毫不能假借。尤有当注意者两点：（一）佛说的业果报应是不准抵销的，并非如袁了凡功过格所说，做了一百件过再做一百件功便可以冲抵。例如今日做过一件杀人的恶业，将来一定受偿命的恶报，没有法子能躲免。明天重新做一件救人的善业，等前头的恶报受完了，善报自然会轮到头。譬如打电报，北京局里打出一个a字，上海局里立刻现出一个a字；再打b字，那边自然又现出b字，却不能说后来有个b便把从前的a取销。又如电影片，照过一个丑女，到映演时丑女定要现出来，并不因为后来再照一个美人，便能把丑形盖过。（二）佛说的业果报应不是算总账的，并非如基督教所说，到世界末日耶稣复生时，

陕西长安净业寺道宣律师舍利塔

道宣舍利塔，位于净业寺后，山的顶峰，创建于唐乾封二年（667）。这一年，四方律学大德齐集净业寺。道宣首倡依新法为僧众再授具足戒。受戒完成后不久，道宣示寂，终年七十二岁。门人在寺后山顶上建造舍利塔供养。唐高宗诏令国手图画道宣像，并令名匠人韩伯通为道宣塑像，以作纪念。

所有死去的人都从坟墓里爬出来受审判,或登天堂,或下地狱。因为佛的生命观是流动的,不是固定的,所以除却把账簿一笔勾销时,时时刻刻都是结的流水账。因能生果,果复生因,横看则因果重重,竖看则因果相续,绝不会有停顿着等结总账的时候。关于这一点,在下文"无常无我"那一节再予说明。

以上所说,业与轮回之意义大概可以明白了。依我所见,从哲学方面看,此说最为近于科学的,最为合理的。因为我们可以借许多生物学上、心理学上的法则来烘托证明;从宗教或教育方面看,此说对于行为责任扣得最紧,而鼓舞人向上心又最有力,不能不说是最上法门。

无常与无我 佛教三法印:"(一)诸行无常,(二)诸法无我,(三)涅槃寂静。"什么是无常?佛说:"凡世间一切变异法破坏法皆无常。"世界所有一切现象都是变异的破坏的,显而易见,地球乃至恒星系,天天在流转变迁中,再经若干千万年,终须有一天毁灭。人生更不消说了:"君不见黄河之水天上来,奔流到海不复回;君不见高堂明镜悲白发,朝如青丝暮如雪。"何止生理上如此,从心理上看,后念甫生,前念已灭。所谓"刹那刹那,念念之间不得停住"。所以后来唯识家下一个妙喻说:"恒转如瀑流。"拿现在事物作譬,最确切的莫如电影。人之一生,只是活动和活动的关系衔接而成。活动是没有前后绝对同样的,也没有一刻休息,也没有一件停留。甲活动立刻引起乙活动;乙活动正现时,甲活动已跑得无影无踪了。白布上活动一旦停息,这一幕电影便算完。生理、心理上活动一旦停息,这一期生命便算结束。活动即生命,除却活动别无生命——"逝者如斯夫,不舍昼夜。"人生的"如实相",确是如此。

与无常论连带而起的便是无我论。寻常人认七尺之躯为我,印

圣寿寺塔

圣寿寺塔,位于南五台塔寺沟,高大雄伟,傍山耸立,绿树掩映,肃穆庄重。据说圣寿寺塔建于隋代。隋仁寿年间(601~604),有毒龙穴居于此山之窟,幻化为羽人,在长安城内以药为饵,害生食人。观音大士化作僧人,降伏了毒龙,人们遂在此修寺建塔,以感念观音大士普救众生。寺塔称为"应身大士塔"。

度诸外道多说有"神我",佛则以为一切有情之生命皆由五蕴合成。五蕴复分为:一、物质方面,即色蕴,亦名为"色";二、精神方面,即受、想、行、识四蕴,统名为"名"。生命不过物质、精神两要素在一期间内因缘和合,俗人因唤之为"我"。今试问我在哪里?若从物质要素中求我,到底眼是我呀,还是耳是我,鼻是我,舌是我,身是我?若说都是我,岂不成了无数的我?若说分开不是我,合起来才成个我,既已不是我,合起来怎么合成个我?况且构成眼、耳、鼻、舌、身的物质排泄变迁,刻刻不同。若说这些是我,则今日

之我还是昨日之我吗？若从精神要素中求我，到底受是我呀，还是想是我，行是我，识是我？析或合起来才成我？答案之不可通，正与前同。况且心理活动刻刻变迁，也和物质一样。此类之说，所谓"即蕴我"说（求我于五蕴中），其幼稚不合理，无待多驳。还有"离蕴我"说（求我于五蕴外）。例如道教所说有个元神可以从口里或囟门里跑出跑进，又或尸解后成了神仙来往洞天福地。又如基督教说的灵魂永生，当时印度外道所谓神我，亦即属此类。此类神我论，在事实上既绝对没有见证，用科学方法去认识推论又绝对不可能。佛认为是自欺欺人之谈，不得不严行驳斥。（欲知佛家对于有我论之详细辩驳，可读《成唯识论述记》卷一、卷二。）想明白佛教无我论的真谛，最好还是拿电影作譬。电影里一个人的动作，用无数照片凑成，拆开一张一张的片，只有极微的差异，完全是呆板一块纸。因为电力转得快，前片后片衔接不停的动，那动相映到看客的眼帘，便俨然成了整个人整个马的动作。"恒转如瀑流"的人生活动，背后俨然像有个人格存在，就是这种道理。换句话说，一般人所指为人格为自我者，不过我们错觉所构成，并没有本体。佛家名之为补特伽罗Pudgala，译言"假我"，不是真我。要而言之，佛以为在这种变幻无常的世间法中，绝对不能发现出有真我。既已无我，当然更没有我的所有物，所以佛教极重要一句格言曰"无我无所"。

　　无常，无我，佛用他的如实知见观察人生实相，灼然见为如此。然则这样的人生，他的价值怎么样呢？佛毅然下一个断语说是"一切苦"。在无常的人生底下，一切都不得安定。男女两性打得滚热，忽然给你一个死别生离；功名富贵震耀一时，转眼变成一堆黄土。好像小孩子吹胰子泡，吹得大大的，五色透明可爱，结果总是一个破灭完事。你说苦恼不苦恼？在无我的人生底下，一切自己作不得主，全随着业力驱引。虽说是用自己意志开拓自己命运，然自己意志，先已

广州光孝寺六祖发塔

六祖发塔高7.8米,呈八角形,七层,每层有八个神龛。唐高宗仪凤元年(676),六祖慧能在菩提树下剃发为僧后,当时的住持法师印宗把慧能的头发埋在这里。后建塔以资纪念。寺内至今仍存有中国最古老、最大而且最完整的铁塔。光孝寺最著名的传奇是,六祖慧能正是在这里以"风幡论辩",展露峥嵘,引起世人瞩目。

佛陀时代及原始佛教教理纲要

自为过去业力所支配,业业相引。现前的行动又替将来作茧自缚,尘尘劫劫,在磨盘里旋转不能自拔。你说苦恼不苦恼?所以佛对于人生事实的判断,说"诸行无常,诸法无我",对于人生价值的判断,说"一切苦"。

解脱与涅槃 这样说来,佛教岂不是纯粹的厌世主义吗?不!不!不!佛若厌世,何必创这个教?且天下也从没有以厌世为教而可以成一个教团,得大多数人之信仰且努力传播者。佛教当然不是消极的诅咒人生,他是对于一般人的生活不满足,自己别有一个最高理想的生活,积极的闯上前去。

最高理想生活是什么?曰涅槃。怎么才能得到涅槃?曰解脱。

解脱梵名木叉Moksa,译言离缚得自在。用现在话解释,则解放而得自由。详细点说,即脱离囚奴束缚的生活,恢复自由自主的地位。再详细点说,这些束缚,并非别人加之于我,原来都是自己找来的,解脱不外自己解放自己。因为束缚非自外来,故解脱有可能性。亦正惟因束缚是自己找的,故解脱大不易,非十分努力从事修养不可。

佛教修养方法,因众生根器各各不同,随缘对治,所谓"八万四千法门"。如三学——戒、定、慧;四圣谛——苦、集、灭、道;八正道——正见、正思惟、正语、正业、正命、正精进、正念、正定等等,今不必具述。要其指归,不外求得两种解脱:一曰慧解脱,即从智识方面得解放;二曰心解脱,即从情意方面得解放。我们为讲解便利起见,可以分智、情、意三项为简单的说明。

(一)智慧的修养。佛教是理智的宗教,在科学上有他的立场,但却不能认他是主知主义派哲学,他并非如希腊哲学家因对于宇宙之惊奇而鼓动起研究热心。"为思辩而思辩"的议论,佛所常呵斥也。佛所谓智慧者,谓对于一切"世相"能为正当之价值判断,根据这种

永乐版《大藏经》里的刻像

　　明永乐八年（1410）在南京据奈塘古版复刻《大藏经》，只刻了甘珠尔。印本大部用朱砂或云朱刷印，亦称赤字版。又名一切经、契经、藏经或三藏。内容包括经（释迦牟尼在世时的说教以及后来增入的少数佛教徒——阿罗汉或菩萨的说教在内）、律（释迦牟尼为信徒制定必须遵守的仪轨规则）、论（关于佛教教理的阐述或解释）。大藏经的编纂，始于释迦牟尼涅槃不久，弟子们为保存他的说教，统一信徒的见解和认识，通过会议方式的结集，形成一致公认的经、律、论内容。其后又增加了有关经、律、论的注释和疏解等"藏外典籍"，成为卷帙浩繁的四大部类。

判断更进求向上的理想。《心经》说:"行深般若波罗蜜多时,照见五蕴皆空,度一切苦厄……乃至无挂碍无有恐怖。"般若译言智慧,一面观察世相,深通因缘和合无常无我之理,不受世俗杂念之所缠绕;一面确认理想界有高纯妙乐之一境,向上寻求。佛家所用各种"观",全是从这方面着力。

(二)意志的修养。意志修养有消极、积极两方面。消极方面,主要在破除我执,制御意志。换句话说,要立下决心,自己不肯做自己奴隶。佛以为众生无明业种,皆由对于我的执著而生,因为误认五蕴和合之幻体为我。既认有我,便有"我所",事事以这个假我为本位,一切活动,都成了假我的奴隶。下等的替肉体假我当奴隶,例如为奉养舌头而刻意求美食,为奉养眼珠而刻意求美色之类。高等的替精神假我当奴隶,例如受一种先入为主的思想或见解所束缚而不能自拔之类。佛以为此等皆是由我执发生的顽迷意志。我们向来一切活动,都为他所左右,我们至少要自己当得起自己的家。如何能令这种盲目意志专横,非以全力克服他不可。后来禅家最爱说"大死一番"这句话,就是要把假我观念完全征伏,绝其根株的意思。

但佛家所谓制御意志者,并非制止身心活动,使形如槁木、心如死灰之谓。孟子说:"人有不为也,然后可以有为。"一方面为意志之裁抑,他方面正所以求意志之昂进。阿难说:"以欲制欲。"(《杂阿含》三十五)佛常说"法欲",又说"欲三昧"。凡夫被目前小欲束缚住,失却自由,佛则有一绝对无限的大欲在前,悬以为目标,教人努力往前蓦进。所以"勇猛""精进""不退转"一类话,佛常不离口。可见佛对于意志,不仅消极的制御而已,其所注重者,实在积极的磨炼激励之一途。

(三)感情的修养。感情方面,佛专教人以同情心之扩大,所谓"万法以慈悲为本"。慈谓与人同喜,悲谓与人同忧。佛以破除假我故，实现物我同体的境界。对于一切众生，恰如慈母对于爱子，热恋者对于其恋人，所有苦乐，悉同身受。佛以为这种纯洁的爱他心，必须尽量发挥，才算得佛的真信徒。

以上所说，算是佛教修养的大纲领。因讲演时间太短，只能极简略的说说罢了。为什么要修养呢？为想实现我们的最高理想境界。这个境界，佛家名曰涅槃。

涅槃到底是什么样境界呢？佛每说到涅槃，总说是在现法中自证自知自实现。我们既未自证自现，当然一个字也说不上来。依训诂家所解释，大概是绝对清凉无热恼，绝对安定无破坏，绝对平等无差别，绝对自由无系缚的一种境界。实相毕竟如何？我便不敢插嘴了。但我们所能知道者，安住涅槃，不必定要抛离尘俗。佛在菩提树下已经得着涅槃，然而还说四十九年的法不厌不倦，这便是涅槃与世法不相妨的绝大凭据。

附 录

说无我

佛说法五十年，其法语以我国文字书写解释今存大藏中者八千卷，一言以蔽之，曰"无我"。

佛何故说无我耶？无我之义何以可尊耶？"我"之毒害，在"我爱"、"我慢"，而其所由成立则在"我见"。

何谓我爱？《成唯识论》（卷四）云："我爱者，谓我贪，于所执我，深生耽著。"我爱与兼爱不相容，对于我而有所偏爱，则必对于非我"他"而有所不爱，如是则一切世界不成安立。我身、我妻子、我家族、我财产、我乡土、我团体、我阶级、我国家，如是种种，认为是即我或我所有，从而私之；其他身、他家族，乃至他阶级、他国家，以非我故，对之而生贪悭、嫉妒、怨毒、欺诈、贼害、斗争，以是之故，一切世界，不成安立。何谓我慢？《成唯识论》云："我慢者，谓倨傲，恃所执我，令心高举。"万事以我为中心，以主我的精神行之，谓环乎我者皆宜受我支配，供我刍狗；其浅狭者，如个人的我慢、阶级的我慢、族姓的我慢、国家的我慢，且不必道；其尤普遍而深广者，则人类的我慢，谓我为天帝之胤，为万物之灵，天地为我而运行，日月为我而明照，含生万类为我而孳育。以五官所经验，谓足穷事物之情状；以意境所幻构，谓足明宇宙之体用。故见自封，习非成是，湮覆真理，增长迷情。我爱我慢，其毒天下如此，至其为个人苦恼之根源，更不必论矣。而其所由起，则徒以有我之见存，故谓之"我见"。不破此我见，则我爱与我慢，决未由荡涤。此佛所以以无我为教义之中坚也。

所谓"无我"者，非本有我而强指为无也。若尔者，则是为戏论，为妄语，佛所断不肯出。《大智度论》三十六云："佛说，诸法性常自空，非以'空三昧'令法空。"佛之无我说，其所自证境界何若，非吾所敢妄谈。至其所施设以教吾人者，则实脱离纯主观的独断论，专用科学的分析法，说明"我"之决不存在。质言之，则谓吾人所认为我者，不过心理过程上一种幻影，求其实体，了不可得。更质言之，则此"无我"之断案，实建设于极隐实极致密的认识论之上。其义云何？即有名之"五蕴皆空说"是已。今当先释五蕴之名，次乃述其与"我见"之关系。

蕴Khandha，旧译阴，亦译聚，亦译众。《大乘广五蕴论》云：

问：蕴为何义？答：积聚是蕴义。谓世间相续，品类趣处，差别，色等总略摄故。如世尊说，所有色，若过去，若未来，若现在，若内，若外，若粗，若细，若胜，若劣，若近，若远，如是总摄为一"色蕴"。

（今译）问：什么叫做蕴？答：蕴是积聚的意思。将时间的相续不断之种种差别现象，分出类来，每类作为一聚，这便是蕴。例如世尊告某比丘说，所有一切物色，现在的，过去的，未来的，内的，外的，粗的，细的，胜的，劣的，远的，近的，总括起来，成为一个"色蕴"。

蕴训积聚，故凡有积聚义者皆得名蕴。（例如篇名亦谓之《蕴发智论》。《大毗婆沙》皆分八蕴，即八篇也。旧译取梵音名八犍度。）此所谓蕴者，专就意识活动过程上之类聚而言，凡分为五：

慧远法师像

　　慧远法师（334~416），中国佛教净土宗初祖，雁门楼烦（今山西宁武附近）人，精通六经及老、庄之学。遗著有：《庐山集》十卷、《大智度论要略》二十卷、《问大乘中深义十八科》三卷等。

一色蕴（Rupa）物质物态＝感觉之客观化⋯⋯⋯ ⎫
二受蕴（Vedana）感觉⋯⋯⋯⋯⋯⋯⋯⋯⋯⋯⋯ ⎬ 所认识
三想蕴（Sanna）知觉、联想、印象⋯⋯⋯⋯⋯ ⎬ 之对象
四行蕴（Sankhara）执意、思维⋯⋯⋯⋯⋯⋯ ⎭
五识蕴（Ninnana）了别、集起⋯⋯⋯⋯⋯ 能认识之主体

以上所释，尚有未明未惬之处，更分释如下：

（一）色蕴　《增一阿含经》（廿八）云："此四大身是四大所造色，是故名为色阴。⋯⋯所谓色者，寒亦是色，热亦是色，饥亦是色，渴亦是色。"《大乘广五蕴论》云："云何色蕴？谓四大种及大种所造色——无表色等。"色蕴所摄如下图：

色 ⎰（甲）四大种＝地界坚性、水果湿性、火界暖性、风界动性。
　　⎱（乙）四大所造色＝ ⎰（一）五根＝眼根、耳根、鼻根、舌根、身根。
　　　　　　　　　　　　 ⎨（二）五境＝色境、声境、香境、味境及触境
　　　　　　　　　　　　 ⎪　　　 之一部分。
　　　　　　　　　　　　 ⎩（三）无表色

（说明）四大种指物质，四大所造色指物质之运动，此二者不容混为一谈。最近倡相对论之哀定登A. S. Eddington已极言其分别之必要。"所造色"分三类：第一类五根，即《杂阿含》所谓四大身；第二类五境，即五根所接之对境；第三类无表色，分为极略、极迥、定所生、遍计所起等。极略、极迥皆极微之意。"极略"谓将木石等有形之物质，分析至极微。"极迥"谓将声光等无形之物质，分析至极微，甚与现代物理学的分析相似矣。"定所生"谓用定力变成之幻境，如诸大乘经所说"华严楼阁"

等。"遍计所起"谓由幻觉变现,如空华第二月等。合以上诸种,总名色蕴。

以吾人常识所计,此所谓色者,全属物理的现象(除无表色中一小部分)。何故以厕诸心理现象之五蕴耶?须知认识之成立,必由主客两观相对待,无主观则客观不能独存。外而山河大地,内而五官百骸,苟非吾人认识之,曷由知其存在?既已入吾识域而知其存在,则知其决不能离吾识而独立,故佛家之谓此为识所变。论云:"云何色由识变?谓识生时内因缘力变似眼等,色等,相现,即以此相为所依缘。"(《成唯识论》卷一)又如经所说寒热、饥渴等,骤视似纯属生理的事实,其实对于此种外界之刺戟,心理的对应先起,而生理的冲射乃随其后,特此种极微细的心之状态,素朴思想家未察及耳。故吾总括此诸种"色",名之曰感觉的客观化。此义在《毗婆沙》、《俱舍》、《瑜伽》、《唯识》诸书,剖之极详。得近世欧美心理学者一部分的证明,更易了解。

(二)受蕴　经云(《增一阿含》,廿八,下同):"受者名觉。觉为何物?觉苦,觉乐,觉不苦不乐。"《广五蕴论》云:"受,谓识之领纳。"与色蕴相应之寒热饥渴等,不过受刺激之一刹那间,为纯任自然之对应,不含有差别去取作用。再进一步,则在并时所应之无数对境中,领受其某部分。例如冬令,围炉则觉受"热色"而起乐感,冒雪则觉受"寒色"而起苦感,是之谓受,当心理学书所谓感觉。

(三)想蕴　经云:"云何名想阴?所谓三世共会。……想亦是知,知青黄白黑,知苦知乐。"《阿毗昙杂心论》云:"想者,谓于境界能取像貌。"此所谓想者,不应解作广义的"思想",盖仅能摄取事物之像貌,如照相机而已。然摄取一像貌,必须其像貌能示别于他像貌，则非有联想的作用不为功。经言三世共会者，三谓过去、现在、未来，共会者，即联想之义。何以能知青黄白黑？前此本有如何是青的概念，现在受某种"表色"，则知其与旧所记忆之青的概念相应，而示区别于其他之黄白黑。此即所谓知觉，而其所得，则印象也。

（四）行蕴　经云："所谓行者，能有所成……或成善行，或成恶行。"行蕴所含最广，心理现象之大部分皆属焉。今依《大乘五蕴论》及《百法明门》以百法中之九十四有为法，分配五蕴，列为左表，读之可以知行蕴内容之复杂焉。（如下图所示）

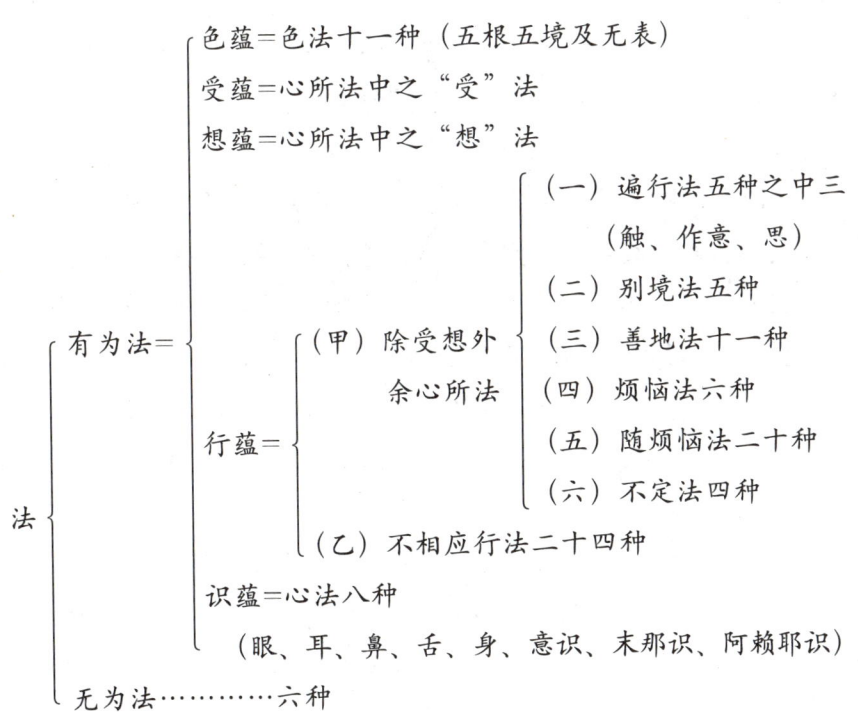

（说明）法字按诸今语，可译为概念。百法之名，非佛时所有。佛常言一切法，而未举其数。小乘家如《俱舍论》等举

七十五法,大乘家如《瑜伽师地论》等,举六百六十法。此所依《百法明门》,乃天亲撮瑜伽为略数。此皆将心理现象绵密分析,近世欧美斯学专家,尚不逮其精审。

百法中除六种无为法超绝五蕴外,余九十四有为法,大分为四类:一心法,二心所法,三色法,四不相应法。此中复分为二系,心法自为一系,即能认识之主体;余三类合为一系,即所认识之对象。彼三类中,色法即物理的对象。心所法者,谓"心之所有",即心理之对象也。不相应法者,谓与色与心俱不相应,如生命、语言文字等皆属之。

此诸法中,心所法与不相应法最为复杂,共占七十五种,以配五蕴。则除此中两种分属受蕴、想蕴外,余七十三种俱属行蕴,此可见行蕴之内容矣。

观上表则知行蕴所摄,殆亘心理之现象之全部,欲概括说明,颇极不易。但其中最要者,为遍行法中之触、作意、思三种。(遍行法有五:一作意,二触,三受,四想,五思[此据《百法明门》次第]。受、想各分属其本蕴,余三属行蕴,如上表。)依《广五蕴论》所释:"触,谓眼、色、识等三和合分别。"谓眼根、色境、眼识凑会在一处,乃成为"触"也。(此色字非色蕴之色,此触字非色、声、香、味、触之触,勿混。)"作意,谓令心心所法现前警动。"即今语所谓特别注意。"思,谓令心造作意业,犹如磁石引铁令动。"是知"行蕴"者,对于想蕴所得之印象加重主观的分量,经选择注意,而心境凝集一点,完为一个性的观念也。故曰"能有所成"。

(五)识蕴　识蕴,小乘谓有眼、耳、鼻、舌、身、意六识,大乘加以第七末那识、第八阿赖耶识,是为八识。《广五蕴论》云:

陕西西安大兴善寺普同塔

大兴善寺始建于晋武帝司马炎泰始至泰康年间（265～289），距今1700余年。唐玄宗李隆基开元四年至八年（716～720），号称"开元三大士"的印度僧人善无畏、金刚智和不空到此传授佛教密宗。大兴善寺因此成为当时长安翻译佛经的三大译场之一，成为中国佛教密宗的发源地。

普同塔位于大兴善寺南侧，为六面七级楼阁式实心砖塔。通高十八米。一层呈方形基座，面南开一券门。门额砖雕"普同塔"三字，内有塔室为方形。以上六层均为实心，每层有券龛，龛中塑佛像。砖作斗拱，叠涩出檐，额枋作花纹砖装饰。塔刹为宝珠形。

"云何识蕴？谓于所缘了别为性。亦名心，亦名意，此能采集诸行种子。又此行相不可分别，前后一类相续转。"《顺正理论》（卷三）云："识谓了别者，是为总取境界相义，各各总取彼彼境相，各各了别谓彼眼识，虽有色等多境现前，然惟取色，不取声等……于其自境，惟总取相。"法相宗书数百卷，不外说明一"识"字，繁征细剖，恐读者转增迷惘，且俟下文随时诠释。今但以极简单语略示其概念：识也者，能认识之自体，而对于所认识之对象，了别其总相，能整理统一个个之观念，使不相挠乱，又能使个个观念继续集起不断者也。其实色、受、想、行，皆识所变现，一识蕴即足以包五蕴，所以立五名者，不过施设之以资观察之便利，谓意识活动之过程，有此五者而已。（所谓七十五法、百法乃至六百六十法，皆不外一种方便的施设，但求不违真理，名数不妨异同。）试为浅譬如印刷然，色蕴为字模，受、想、行则排字之次第经过逐段递进，识蕴则纸上之印刷成品，机器一动，全文齐现。此譬虽未悉真，亦庶近之。（佛典屡用色、名二字，色即指色蕴，名指受、想、行、识四蕴，因其为方便施设之一种名号也。此则前一蕴为一类，后四蕴为一类。若就能所区别论，则前四蕴为一类，后一蕴为一类。

千五百年前之中国留学生

我国文化，夙以保守的单调的闻于天下，非民性实然，环境限之也。西方埃及、希腊、小亚细亚为文化三大发源地，有地中海以为之介，遂得于数千年前交相师资，摩荡而日进。我东方则中国、印度为文化两大发源地，而天乃为之阋，使不能相闻问。印度西通虽远，然波斯、希腊尚可递相衔接，未为孤也。我国东南皆海，对岸为亘古未辟之美洲；西北则障之以连山，湮之以大漠；处吾北者，犬羊族耳，无一物足以裨我，惟蹂躏我是务。独一印度，我比邻最可亲之昆弟也。我其南迈耶？昆仑、须弥（喜马拉耶）两重障壁，峻极于天；我其西度耶？流沙千里，层冰满山。呜呼！我乃数千年间，不获与世界所谓高等文化诸民族得一度之晤对。伤哉！酷哉！天之啬我以交通，乃至此极。吾家区区文物，乃不过吾祖宗闭户自精辛勤积累而仅得之。《记》不云乎："独学而无友，则孤陋而寡闻。"彼西方之民，何修而多友，我乃并一而无之也。

环境能熏造性质，我民族受此种交通之酷遇，自然养成几分保守的单调的气习，固无庸讳言。然使一民族对于外来文化而无容纳之可能性，则其族非久遂成为"僵石化"，而决不足以顺应生存于大地。畴昔西方之人，颇以此缺点代吾致疑惧。虽然，吾得有反证以明其决不然也。当秦汉以前与我接触之他族，其文化皆下我数等，我对之诚不免贡高自慢。然吾族绝未尝自满以阻其向上，绝未尝自是而不肯虚受人。魏晋以降，佛教输入，贤智之士，憬然于六艺九流以外，尚有

学问,而他人之所浚发,乃似过我。于是乎积年之"潜在本能",忽尔触发,留学印度,遂成为一种"时代的运动"。此种运动,前后垂五百年,其最热烈之时期,亦亘两世纪。运动主要人物,盖百数,其为失败之牺牲者过半。而运动之总结果,乃使我国文化,从物质上精神上皆起一种革命,非直我国史上一大事,实人类文明史上一大事也。

尤当注意者,本篇所记述,确为留学运动,而非迷信运动。下列诸贤之远适印度,其所以能热诚贯注百折不回者,宗教感情之冲发,诚不失为原因之一部分。然以比诸基督教徒之礼耶路撒冷,天方教徒之礼麦加,与夫蒙藏喇嘛之礼西天,其动机纯为异种。盖佛教本贵解悟而贱迷信,其宗教乃建设于哲学的基础之上。吾国古德之有崇高深刻之信仰者,常汲汲焉以求得"正知见"为务。而初期输入之佛典,皆从西域间接,或篇章不具,或传译失真,其重要浩博之名著,或仅闻其名,未睹其本。且东来僧侣,多二三等人物,非亲炙彼土大师,末由抉疑开滞。以此种种原因,故法显、玄奘之流,冒万险,历百艰,非直接亲求之于印度而不能即安也。质而言之,则西行求法之动机,一以求精神上之安慰,一以求"学问欲"之满足。惟其如此,故所产之结果,能大有造于思想界。而不然者,则三家村妇朝普陀,非不虔敬,而于文化何与焉?明乎此义,则知吾所谓"留学运动",非诞辞矣。

求法高僧,其姓氏为吾人所耳熟者不过数辈;东西著述家所称引,亦仅能举二三十人。吾积数月之功,刻意搜讨,所得乃逾百。以其为先民一大业,故备列其名表敬仰,次乃论次其事也。

不空法师像

　　不空法师（705~774），全名为不空金刚，唐代的著名译师，"开元三大士"之一。他是北印度人（一说他是狮子国人），属于婆罗门种性。幼年时代，他的父亲就去世了，随舅父来到中国。年十五正式落发出家。初学悉昙章，不空只用了十天就学会了。他在学习过程中，其理解和记忆力，均超过常人。不空虽为印度人，但他幼年时就来到中国，学习中国文化，精通梵汉语文。他被尊为密宗大师，又是中国佛教史上四大译师之一。据《大唐贞元续开元释教录》载，不空的译经有一百一十部，共一百四十三卷。大致可分为五类，即显教类、杂密类、金刚界类、大乐类和杂撰类。

西行求法古德表

名姓及籍贯	年　代	事　　略
朱士行 颍川人	魏高贵乡公甘露五年（260）	士行为汉土沙门之始，亦为西行求法之第一人。其西游动机，因读《道行经》觉文意隐质，诸未尽善，乃誓志捐身，远求大本。遂于于阗得梵书正本九十章，遣弟子弗如檀送归。后由竺叔兰、无罗叉译出，即今本《放光般若经》是也。士行遂终于于阗，见《梁高僧传》卷四本传
竺法护 其先月支人，世居敦煌	晋武帝中 (265～289)	时寺庙图像，虽崇京邑，而《方等》深经，蕴在葱外，护乃慨然发愤，志弘大道。遂至西域，游历诸国，通三十六种语言，获《贤劫》、《法华》、《光赞》等梵经百五十六部，赍还中夏，沿途传译，终身不倦。见《梁高僧传》卷一本传
慧常 进行 慧辩 籍无考	晋成帝咸和中 (327～334)	此三人僧传皆无传，惟道安著《合放光光赞略解序》云："会慧常、进行、慧辩等将如天竺，路经凉州。"知三人有结侣西游事矣。又失名人著《首楞严后记》称：咸和三年，凉州刺史张天锡译《首楞严经》时，沙门慧常、进行在坐，可考见其西游年代也。两文俱见《出三藏记集》卷八
于法兰 高阳人	东晋穆帝中 （？） (345～361)	尝怆然叹曰："大法虽兴，经道多阙，若一闻圆教，夕死可也。"乃远适西域，欲求异闻。至交州遇疾，终于象林。事见《梁高僧传》卷四本传。其人卒于支遁前，略推定为东晋穆帝时人

续表

名姓及籍贯	年代	事　略
支法领 籍无考	东晋孝武中 （？） （375～396）	领为慧远弟子，奉远命往寻众经。逾越沙雪，旷岁方返。见《梁高僧传》卷六《远传》。领在于阗得《华严》前分三万六千偈。见同书卷二《佛驮跋陀罗传》。又僧肇《答刘遗民书》云："领公远举，乃是千载之津梁。于西域还，得《方等》新经二百余部。"（《梁高僧传》卷七《僧肇传》引）综此诸传，知领此行成绩甚优也
法　净 籍无考	同上	与法领同受慧远命出游。见《远传》
法　显 平阳武阳人	东晋安帝隆兴三年往，义熙十二年归，前后凡十五年。 （399～416）	法显与玄奘为西行求法界前后两大人物，稍通佛门掌故者，皆能知之。《梁高僧传》本传云："常慨经律舛阙，誓志寻求。"此为显出游之动机。其在长安偕行者，有慧景、道整、慧应、慧达、慧嵬五人。在张掖后遇僧绍、智严、宝云、慧简、僧景五人，相约同游。而或在中途折回，或分道行，或道死，或留印不归，故归国时孑然仅一人耳。此为显同行之伴侣。其行程据《佛国记》所述，由敦煌渡沙河十七日至鄯善（今县），又十五日至乌彝（今焉耆县）。由乌彝西南行，一月五日至于阗（今县），西行二十五日至子合（今叶尔羌南）。更南行四日至于麾（今奇灵卡），更二十五日至竭叉（今塔什库尔干）。计在今新疆省境内共行百二十二日。从竭叉度葱岭，行一月，顺岭西南行十五日至乌苌（今阿富汗国加非利斯坦省之班底）。南下至宿诃多（今地待考）。东下五日至犍陀卫（即犍陀罗，

续表

名姓及籍贯	年　代	事　略
		今干达马克）。南行四日至佛楼沙（今白沙威尔）。南度小雪山（今阿富汗都城南之白瓦里山），更南下十日至跋那（今哈尔奈）。计在今阿富汗国境共行三十三日。由跋那东行三日渡新显河（即印度河）至毗荼（今克尔普尔），则入印度境矣。自敦煌至毗荼共费百五十九日，途中屡有勾留，故六年乃达中印度。留中印度三年。将返国，附海舶适师子国（今锡兰岛），在彼复留二年。由师子将附舶返广州，遇风漂泊九十日至一国名耶婆提（今地待考），停五月。在彼易舟归，八十余日至长广郡牢山（今青岛）登陆。归途计费三百三十余日。此为显旅行之历程。显留印数年，学梵语梵书，在中天竺得《摩诃僧祇律》、《萨婆多律》、《杂阿毗昙心经》、《方等泥洹经》，在师子国得《弥沙塞律》、《长阿含》、《杂阿含》及杂藏，皆汉土所无，躬自书写赍归。律藏及《阿含》之输入，多赖其赐。此为显留学之成绩。归国后与佛驮跋陀罗同译诸经论百余万言。又纪旅行中所见闻为《佛国记》（亦作《法显传》）。至今治印度学者皆宗之，英、法、德文皆有译本。此为显对于人类文化永久之贡献
道　整 洛阳清水人 （？）	同上	据《法显传》，显发长安时五人同行，整居其一。同行十人中安抵印境者惟整与显耳。然整遂留印不复归。 （附考）《梁高僧传》卷一《昙摩难提传》称：“赵正晚年出家更名道整。”案，赵正

续表

名姓及籍贯	年　代	事　略
		即赵文业,仕苻秦,与道安同监译事,最有功佛法。与法显同游之道整,当即其人。惟《僧传》言其终于襄阳,《佛国记》言其终于印度,未知孰是
智　严 西凉州人	同上(?)	初与法显同行至乌彝,因返高昌求行资,遂分道。后独行至罽宾,留彼地十年。从佛驮先咨受禅法。敦请佛驮跋陀罗(即觉贤)东归,参其译事,始终相随。晚年泛海重到天竺,卒于罽宾。事迹具详《梁高僧传》卷三本传
智　羽 智　远 籍无考	同上(?)	智严弟子,严第二次游印时随往。严卒,归报,复返印。事见《严传》
宝　云 凉州人	同上(?)	在张掖遇法显与偕行,同至佛楼沙而别。据《佛国记》谓其先归。据《梁高僧传》卷三本传,则云尝历于阗、天竺诸国,遍学梵书,音字诂训,悉皆备解。归后在江左主持译事。与智严同为觉贤高弟也。《传》称其游履外国,别有记传。今佚
僧　景 籍无考	同上(?)	与法显偕游至佛楼沙,先归。 (附考)《隋书·经籍志》有释昙景《外国传》五卷,疑即僧景所撰。今佚
慧　达 籍无考	同上	与法显、道整、宝云等偕游,至佛楼沙,先归。 (附考)《僧传》所记有慧应无慧达,是否一人,待考
僧　绍 籍无考	同上	与法显偕游,至于阗。显等西度葱岭,经阿富汗入印。绍独别去,随胡人入罽宾

续表

名姓及籍贯	年　代	事　　略
慧　景 籍无考	同上	与法显、道整偕游，至小雪山，景冻死
慧　简 慧　嵬 籍无考	同上	与法显等偕游，至彝，偕智严返高昌求行资。其后是否仍与严偕，今无考
沮渠京声 凉州人	东晋安帝义熙中（？） （405～418）	北凉主沮渠蒙逊之叔，封安阳侯。尝度流沙至于阗，从天竺法师佛驮斯那学禅法，译书甚多。事迹附见《梁高僧传》卷二《昙无谶传》
康法朗 中山人 同侣四人	东　晋 (年分无考)	与同学四人发趾张掖，西过流沙，余四人遂不复西行。朗更游诸国，研寻经论，后还中山。见《梁高僧传》卷四本传
慧　叡 冀州人	东　晋 (年分无考)	从蜀之西界，至南天竺。音译诂训，无不必晓。后还憩庐山，俄入关从学罗什。见《梁高僧传》卷七本传及《释迦方志》卷下
智　猛 雍州新丰人，同侣十五人	姚秦弘始四年往，刘宋元嘉十四年归。凡在外三十六年（402～437）	猛之出游，在法显后四年，盖不相谋也。猛每闻外国道人说天竺有释迦遗迹及《方等》众经，于是始结同志十又五人出游。历流沙至于阗，西南行二千里，始登葱岭，而九人退还，寻一人复道死。猛仅与四人共度雪山，历罽宾遍游印。当时西游诸贤留印最久者莫如猛。及其归也，仅与一人偕耳。猛得梵本甚多，《僧祇律》及《大般涅槃》其最著也。猛著《游行外国传》，隋唐《经籍志》并著录。今佚。其事迹仅见《梁高僧传》卷三本传
道　嵩 籍无考	同上	与智猛同行，至波沦国，道亡

续表

名姓及籍贯	年 代	事 略
昙纂 籍无考	同上	与智猛同出同归
昙学 成德 河西人， 同侣八人	东晋末 （年分无考）	《贤愚经记》（见《出三藏记集》卷十）云："河西沙门昙学、成德等八僧，结志游方，远寻经典。于于阗大寺习梵音，精思通译。"此八僧曾否到印度，今无考
昙无竭 幽州黄龙人，同侣二十五人	刘宋永初元年（420）往，归期无考	昙无竭此云法勇。闻法显等躬践佛土，慨然有忘身之誓，乃召集同志二十五人远适西方。度雪山时，经三日方过，料检同侣，失十二人。余十三人，经罽宾入中天竺，八人复死于路，仅余五人同行。后于南天竺随舶泛海达广州。据《梁高僧传》卷三本传。无竭亦著有游记，但隋唐《志》并不著录，想其佚已久
僧猛 昙朗	同上	昙无竭同行二十五人中之二人也，事迹无考
道普 高昌人	宋元嘉中 （424~453）	普事迹附见《梁高僧传》卷二《昙无谶传》中，据称："经游西域，遍历诸国……善能梵书，备诸国语。游履异域，别有大传。"其传《隋志》不著录，想已久佚。其出游年代不可考。惟《谶传》又云："宋元嘉中故重寻《涅槃》后分，遣普将书吏十人西行寻经。至长广郡（今青州）舶破伤足，因疾而卒。"此则普第二次西行而以身殉法也
道泰 籍无考	东晋刘宋间 （年分难确指）	《开元释教录》卷四下云："泰以汉土《方等》粗备，幽宗粗畅，其所未练，惟三藏九部。故杖策冒险，爰至葱西。

续表

名姓及籍贯	年　代	事　略
		综览梵文，并获《婆沙》梵本十万余偈，及诸经论。东归。"释道埏《阿毗昙毗婆沙论序》（见原书卷首）云："有沙门道泰……至葱西。……获其梵本十万余偈。……以乙丑之岁……传译。"法显诸僧西游目的在求大乘经典，道泰则注重小乘。《婆沙》大论输入，泰之赐也。此论以乙丑年传译，其年为宋文帝元嘉二年。泰之出游，当远在此年以前矣
法　盛 高昌人	东晋刘宋间 （？）	《梁高僧传》卷二《昙无谶传》云："时高昌有沙门法盛，亦经往外国，立传凡有四卷。"隋唐书《经籍志》并著录法盛《历国传》三卷。今佚
竺法维 僧　表 凉州人（？）	东晋刘宋间 （？）	二人之名附见《昙无谶传》云："并经往佛国。"殆皆北凉时人。梁宝唱《名僧传》卷廿六有《僧表传》
慧　览 籍无考	宋大明中 （457～464）	览曾游迦湿弥罗，从达磨咨受禅要。还至于阗，授诸僧戒。见《梁高僧传》卷十二本传
道　药 籍无考	元魏太武末年 （433～439）	药从疏勒道入印度，经悬度到僧迦施国。还著《传》一卷，见唐道宣《释迦方志》卷下。所著《传》，《隋书·经籍志》著录。今佚。杨衒之《洛阳伽蓝记》引之
法　献 西海延水人	宋元徽三年 （475）	献闻智猛西游，乃誓欲忘身，往观圣迹。以元徽三年，发踵金陵，西游巴蜀，路出河南，道经芮芮。既到于阗，欲度葱岭，值栈道路绝而返。见《梁高僧传》卷十四本传

续表

名姓及籍贯	年 代	事 略
惠　生 籍无考	元巍熙平元年至正光三年 （516～523）	《魏书·释老志》云："熙平元年诏遣沙门惠生使西域，采诸经律。正光三年还京师，所得经论一百七十部行于世。"《慧生行传》一卷，《隋书·经籍志》著录。今佚。《洛阳伽蓝记》引之
宋　云 敦煌人	同上	《洛阳伽蓝记》卷五云："宋云与惠生向西取经，凡得一百七十部，正光二年二月还。"其年月与《释老志》小有出入。要之，二人同出同归无疑也。云著有《家记》，《隋志》著录。今佚。《伽蓝记》引之。《唐志》别有云著《魏国以西十一国事》一卷，是否即《家记》异名，今无考
王　伏 子　统 法　力	同上	同上《魏书·嚈哒传》云："熙平中明帝遣王伏、子统、宋云、沙门、法力等往西域求访佛经。沙门、慧生偕行。"据此知兹游同行者尚有此三人也
云　启		籍贯、年代、事迹皆无考，其名仅见《佛祖历代通载》卷十
宝　暹 道　邃 僧　昙 智　周 僧　威 法　宝 智　昭 僧　律 籍皆无考	北齐武平六年至十三年 （574～581）	《唐高僧传》卷二《阇那崛多传》云："有齐僧宝暹、道邃、僧昙等十人，以武平六年，相结同行，采经西域。往返七载，将事东归。凡获梵本二百六十部，回至突厥，俄而齐亡。……大隋受禅，暹等赍经应运。"大抵隋代所译经论原本，多出暹等所赍归也。同行十人中，智周等五人之名，见《开元释教录》卷七，余二人无考

续表

名姓及籍贯	年　代	事　　略
玄　奘 洛　州 缑氏人	唐贞观二年出，十九年归。前后凡十七年（628～645）	玄奘为中国佛教第一功臣，其事迹具见慧立著之《慈恩三藏法师传》及《唐高僧传》卷四本传。其游历之迹，见奘所自著《大唐西域记》。诸书现存，为世界学界鸿宝。今以极简略之文记其梗概如下：（一）游学动机。因研究《婆沙》、《杂心》、《俱舍》、《摄大乘》诸论，觉未能尽其理解，屡从本国大师质疑，皆不满足，故发愤西游，求名师，读原本。《慈恩传》云："师既遍谒众师，备飧其说，详考其义，各擅宗途。验诸圣典，亦隐显有异，莫知适从。乃誓游西方，以问所惑。"此奘出游之主要动机也。时年二十九。（二）旅途之艰窘。时方严越境之禁，奘诣阙陈表，请特许游学。有司不为通，乃随饥民度陇，复偷越五烽（关卡）。备极艰险，乃至高昌（今吐鲁番）。高昌王麴文泰，夙闻其名，强留供养。奘以死自誓，乃得脱。犹淹彼国经一夏。时西域诸国，咸服属突厥，非得突厥护照，不能通行。乃持文泰介绍书，诣突厥叶护可汗牙所，得其许可乃行。故奘所遵者非汉以来西域通路，乃北出特穆尔图泊，掠西伯利亚之南端，经俄属土耳其斯坦，乃循阿富汗入迦湿弥罗。此路为法显、法勇以来所未经行也。途中艰窘状况，具见本传。（三）留学成绩。奘出游十七年，历五十六国，备通各种语言文字。其间留中印度摩竭提国之那烂陀寺凡五年，实奘毕生学力最得力处也。时印度大乘教方极盛，法相宗尤

续表

名姓及籍贯	年　代	事　　略
		昌。大师戒贤，即那烂陀之首座，奘亲受业，尽传其学。历治《瑜伽》、《顺理》、《显扬》、《对法》诸论，而于《瑜伽》尤所覃精。其余如小乘一切有部、经量部，及大乘法性宗学说，莫不参稽深造。旁及外道宗趣，咸所取资。毕业后五印诸王，争先供养。其共主戒日王，敬礼尤至。为奘特开辩学大会，奘立"真唯识量"，悬诸国门，经月无人能难诘者。后更遍游诸国，采风问俗，至贞观十八年乃归。（四）归国之贡献。奘所赍归之经典，凡五百二十夹，六百五十七部，各地方、各宗派之书咸有。以贞观十九年正月抵长安。其年三月，即开始翻译。直至龙朔三年十月，凡十九年间（645～663），译事未尝一日辍。所译共七十三部，一千三百三十卷。其绝笔之时，距圆寂仅一月耳
玄　照 太州仙掌人	唐贞观间 （627～649） 又麟德元年 （664）	照与玄奘盖先后出游。但照之往，取道吐蕃（西藏），蒙文成公主护送，归途经泥波罗（即尼泊尔，亦称廓尔喀）。此藏印通路，为前人所未经者。照在印凡十一年，诏书征归。高宗麟德元年，复奉敕往，遂在中印病殁
师　鞭 齐州人	贞观间（？）	与玄照偕行，至西印度。年三十五，卒于彼地
道　希 齐州历城人	贞观间（？）	留学那烂陀寺，携有汉译新旧经论四百余卷，施入该寺。又在大觉寺树立唐碑一座。卒于印度

续表

名姓及籍贯	年 代	事 略
慧 业 新罗人	贞观间	留学那烂陀寺,卒于彼。义净尝见其手写梵本诸经论
玄 恪 新罗人	贞观间	尝与玄照同留学大觉寺,后卒于印度
道 方 并州人	无考	由泥波罗如入印,留学大觉寺
道 生 并州人	贞观末	由吐蕃路入印,留学那烂陀。卒业后多赍经像归国,至泥波罗病死
常 愍 并州人	无考	由海通往,经诃陵国,舟覆溺死。其弟子一人偕亡
师子惠 京师人	贞观间	与师鞭偕行,留学信者寺。归途经泥彼罗,病死
玄 会 京师人	无考	由西域入迦湿弥罗,留学大觉寺。归途经泥波罗,病死。年仅三十。义净云:"泥波罗有毒药,所以到彼多亡也。"
僧 隆 籍无考	贞观间	从北道至北印度,后返国经犍陀罗,道亡
明 远 益州清城人	无考	由交阯泛海往,经诃陵至师子国(锡兰),欲潜取佛牙,为国人所觉,颇见陵辱。自是师子人守护佛牙益严重云。启超案,吾游锡兰,尚观所谓佛牙者。
义 朗 益州成都人	无考	无考由海道往,精研《瑜伽》,住锡兰颇久
智 岸 成都人		与义朗偕行,至郎迦国,病死
义 玄 成都人		义朗之弟,与朗偕行

续表

名姓及籍贯	年代	事略
会宁 成都人	麟德中	由海道往，至诃陵国。得《大涅槃经》后分，补译送归。旋客死海外，年仅三十余
运期 交州人	同上	会宁弟子。宁译经遣其赍还，寻复独游
解脱天 交州人	无考	由海道往，留学大觉寺
窥冲 交州人	无考	明远弟子。后随玄照同留中印度。卒于王舍城，年三十许
智行 爱州人	无考	由海道至西印度，留学信者寺。卒于彼地，年五十余
慧琰 交州人	无考	智行弟子，随师到僧诃罗国
信胄 籍无考	无考	由西域北道至西印度，留学信者寺，卒彼地，年三十五
大乘灯 爱州人	无考	幼随父母，曾游印度。随唐使臣郯绪归国，受业玄奘。矢志出游，乃由海道经师子国入南印度，旋至东印耽摩立底国。留十二年。随诣中印，留学那烂陀，卒于此寺。义净犹睹其遗物
彼岸 智岸 并高昌人	无考	无考二人少长京师，后随使臣王玄策，泛海游印，遇疾俱卒。所携汉译本《瑜伽》及余经论，保存于室利佛逝国
昙闰 洛阳人		由海道往，至渤盆国，遇疾死
义辉 洛阳人	无考	因读《摄论》《俱舍》，怀疑未晰，乃往中印度留学。毕业归国，至郎迦戌国病死，年三十余

续表

名姓及籍贯	年　代	事　略
慧　轮 新罗人	贞观间	贞观间随玄照西行充侍者，留学信者寺十年。义净游印时尚存，年近四十
道　琳 荆州江陵人		因欲研究戒律，发心留学。由海道往印，在东印耽摩立底国留三年。次至中印，留那烂陀数年。南印、西印各住经年。义净出游时尚留印
昙　光 荆州江陵人		由海道往，至东印度诃利鸡罗国。后不知所终
慧　命 荆州江陵人		由海道往，至占波。屡遭艰苦，废然而返
善　行 晋州人		义净弟子。随净至宝罗筏，婴疾而归
僧　哲 澧州人		由海道往，留学三摩呾吒国。义净在印，曾与相见。其弟子玄游，高丽国人，随哲往师子国
灵　运 澧州人		与僧哲同游，留学那烂陀寺
智　弘 洛阳人		当时印度使臣王玄策之侄，与无行同泛海西游。留学大觉寺二年，复诣那烂陀，卒乃在信者寺习小乘教。译律藏书甚多。留印共八年，经迦湿弥罗返国
无　行 荆州江陵人		与智弘同泛海西游，留学那烂陀寺，习《瑜伽》《中观》《俱舍》。复往羝罗荼寺研究因明。义净在印常与往还。著有游记，名曰《中天附书》，今佚。《一切经音义》引之
法　振 荆州人		由海道往，至羯荼国病死。年三十五六

续表

名姓及籍贯	年 代	事 略
乘 悟 同州人 乘 如 梁州人		与法振同行，乘悟至瞻波，病死。乘如踪迹不详
大 津 澧州人	唐永淳二年至天授三年（683～692）	初法侣多人，泛海西游。濒行，其侣退缩，津乃独往。留印十年，复附舶归国。义净之《南海寄归传》，即托津带返也。 右自玄照至大津，凡四十人，皆见义净《大唐西域求法高僧传》。其《常慜传》附见弟子一人；《玄恪传》末，附见新罗僧二人；《玄会传》末，附见与北道使人同行者一人，文成公主乳母之息二人；《义辉传》末，附见唐僧至乌苌国者三人；《慧轮传》中，附见由蜀川道西游之唐僧二十许人；《昙光传》中，附见诃利鸡罗国唐僧一人，皆失名姓。除《慧轮传》之二十许人，相传为五百年前曾来者外，余五十人，皆唐太宗至武后时人，与玄奘、义净先后游印者也
义 净 范阳人	唐高宗咸亨二年至武后证圣元年（671～694）	净年十五，便蓄志欲游西域，年三十七乃获成行。初发足至番禺，得同志数十人。及将登舶，余皆退罢。净奋厉孤行，备历艰险。所至之境，皆洞言音。凡遇酋长，俱加礼重。经二十五年，历三十余国，留学那烂陀十年。归时赍得梵本《经律论》近四百部，合五十万颂。归后从事翻译，所出五十六部二百三十卷，玄奘以后一人而已。著有《大唐西域求法高僧传》、《南海寄归

续表

名姓及籍贯	年　代	事　　略
		传》、《内法传》，皆佛门掌故珍要之书。《求法传》卷下《玄逵传》末自述游迹颇详
贞　固 荥川人	唐武后永昌元年（689）	义净在印度，附书广州制旨寺，求纸墨供写经之用，并求助译之人。固时年四十，奋焉迈往。净有诗赠之
孟怀业 广州人	同上	贞固弟子，随师游学。复为义净侍者，助译事
道　宏 汴州人	同上	同上随贞固出游，年仅二十三。既至印度，留学那烂陀，助义净译写
法　朗 襄阳人	同上	随贞固出游，年仅二十四。后在诃陵国遇疾卒。以上四人，附见《求法高僧传》
慧　日 东莱人	唐中宗嗣圣十九年至玄宗开元七年（702～719）	日闻义净之风，誓志西游。泛舶历南洋诸国，三年乃至印度。前后历七十余国。归而专弘净土之教。见《宋高僧传》卷二十七本传
慧　超 籍无考	唐开元十五岁归（727）	超名不见诸传记（《唐僧传》有两慧超，皆非此人）。惟慧琳《一切经音义》卷一百，有慧超《往五天竺传音义》，知其人为西行求法且有著书者。但其书隋唐《志》皆不著录，佚盖久矣。近年敦煌石室写经出世，忽发现其书末残卷数叶，知其以开元十五年归，归途经于阗、疏勒、焉耆达安西。实学界一快事也
不空本北印度人，随叔父留寓中国	唐玄宗开元二十九年至天宝八载（741～749）	不空为我国密宗开祖。奉其师金刚智遗命，率弟子二十七人西游，求得密藏经论五百余部赍归。见《宋高僧传》卷一本传

续表

名姓及籍贯	年　代	事　　略
含　光 慧　辩	同上	不空弟子，随空行。光别有传，见《宋高僧传》卷二十七
悟　空 京兆云阳人	唐玄宗天宝十载至德宗贞元五年 (751～789)	空本名车奉朝。随中使张韬光由安西路奉使罽宾，旋在罽宾出家。历游印度诸国，留彼四十年，归时年已六十余

上表所列，共得百零五人，其佚名者尚八十二人（康法朗同行者佚三人。智猛同行者佚十三人。昙学等同行者佚六人。昙无竭同行者佚二十三人。宝暹等同行者佚二人。《求法高僧传》中佚名者十人。不空同行者佚二十五人）。呜呼！盛矣！据《求法高僧传》所述，则距义净五百余年前，尚有由蜀川牂牁道入印之唐僧二十许人。①其年代确否虽未敢定，然有专寺供其栖息，事当非诬。再考印度境内华人专寺，其见于载籍者有四：

（一）东印度　伽河下游之支那寺。②

---

①②《求法高僧传》卷上云："那烂陀寺东四十驿许，循伽河而下，至蜜栗伽悉伽钵娜寺。去此寺不远，有一故寺，但有砖基，厥号支那寺。相传是室利笈多大王为支那国僧所造。于时有唐僧二十许人，从蜀川牂牁道而出，王施此地，以充停息，给大村封而二十四所……准量支那寺至今，可五百余年矣。现今地属东印度。其王每言：若有大唐天子处数僧来者，我为重兴此寺。"案义净前五百余年，则当在法显以前，此年代恐不确。惟净既亲览此寺故基，阅其口碑，则其必有是事，固无可疑耳。

（二）迦湿弥罗之汉寺。①
（三）王舍城中之汉寺。②
（四）华氏城东南百里之支那西寺。③

此诸寺者，殆可称为千余年前之中国留学生会馆。夫必学生多然后会馆立，然则当时西行求法之人姓氏失考者，殆更不止此数耳。

求法运动，起于三国末年，讫于唐之中叶，前后殆五百年。区年代以校人数，其统计略如下：

西第三世纪（后半）　　二人

第四世纪　　　　　　　五人

第五世纪　　　　　　　六十一人

第六世纪　　　　　　　十四人

第七世纪　　　　　　　五十六人

第八世纪（前半）　　　三十一人

三、四两纪之西游者，皆仅至西域而止，实今新疆省境内耳（内法护一人似曾出葱岭以西。又僧建所到月支，当为今阿富汗境

---

① 《法苑珠林》卷三十八引王玄策《西域志》云："宾国都城内有寺，名汉寺。昔日汉使向彼，因立浮图，以石构成，高百尺。道俗虔恭，异于殊常。"

②③宋范成大《吴船录》卷一引继业《印度行程》云："王舍城中有兰若隶汉寺……又北十五里有那烂陀寺……又东北十里至迦湿弥罗汉寺，寺南距汉寺八里许。自汉寺东行十二里……又东七十里……又西北五十里有支那西寺，古汉寺也。西北百里至花氏城，育王故都也。"案，此文颇不明了，惟王舍城中那烂陀寺南十五里有一汉寺，华氏城东南百里有一支那西寺，盖无疑。所谓迦湿弥罗汉寺者，不知是否即王玄策所记。若尔，用地里殊远隔不惬矣。或此地之寺由迦湿弥罗分出，故袭其名耶？若尔，则中印应有三汉寺，并东印及宾者为五矣。又案，此诸寺玄奘、义净皆不记，其建设当在奘、净西游后耶？然王玄策年代，固较奘稍晚而较净稍早也。姑存疑以俟续考。

112

日本京都唐招提寺鉴真像

　　鉴真（687～763），唐朝僧人，律宗南山宗传人，日本佛教律宗开山祖师，著名医学家。俗姓淳于，扬州江阳县（今江苏扬州）人。晚年受日僧礼请，东渡传律，履险犯难，双目失明，终抵奈良。在传播佛教与盛唐文化上，有很大的历史功绩。

内地），未能指为纯粹的留学印度。其留学运动最盛者，为第五、第七两世纪。而介在其间之第六世纪，较为衰颓。此种现象之原因，可从三方面推求之：其一，印度方面。五世纪为无著、世亲出现时代，七世纪为陈那、护法、清辩、戒贤出现时代，佛教昌明，达于极点。其本身之力，自能吸引外国人之观光愿学。六世纪介在其间，成为闰位。其二，西域方面。五世纪苻、姚二秦，与凉州以西诸国，交涉极密，元魏益收西域之半以为郡县，故华、印间来往利便。六世纪则突厥骤强，交通路梗，诸求法者欲往末由。观玄奘之行，必迂道以求保护于叶护，可窥此中消息。七世纪则唐既定天下，威棱远播，如履户庭也。其三，中国方面。四世纪以前，佛教殆为无条理、无意识的输入，殊不能满学者之欲望，故五世纪约百年间，相率为直接自动的输入运动。至六世纪时，所输入者已甚丰富，当图消化之以自建设，故其时为国内诸宗创立时代，而国外活动力反稍减焉。及七世纪则建设进行之结果，又感资料不足，于是向百尺竿头再进，为第二期之国外运动。此实三百年间留学事业消长之主要原因也。

第八世纪之后半纪，印度婆罗门教中兴，佛教渐陵夷衰微矣。而中国内部亦藩镇痿痹，海宇鼎沸，国人无复余裕以力于学。故义净、悟空以后，求法之业，无复闻焉。其可称佛徒留学史之掉尾运动者，则有宋太祖乾德二年至开宝九年（964~976）敕遣沙门三百人入印度求舍利及梵本之一事①。其发程时，上距义净之入寂既二百五十二年矣，此在求法史中，最为大举。然衔朝命以出，成为官办的群众运

---

① 此事仅见于范成大之《吴船录》。成大盖录僧继业之游记，继业即三百人中之一人也。《吴船录》卷一云："继业姓王氏，耀州人。……乾德二年，诏沙门三百人入天竺求舍利及贝叶多书，业预遣中，至开宝九年始归。峨眉牛心寺所藏《涅经》一函四十二卷，业于每卷后分记西域行程。虽不甚详，然地里大略可考。世所罕见，录于此……"成大所录全文约九百字，当时极劳费之一举，赖此仅传矣。业所记虽简略，然亦有足补显、奘、净诸记所不及者，亦佛门掌故一珍籍也。

鉴真东渡图

  743年始,鉴真应日本在唐朝学成回国的高僧荣睿、普照和日本政府的邀请,5次东渡都遭受挫折,未成。其间又因辛劳过度,感受暑热,双目失明。753年鉴真携带大量佛经佛像和书籍,作第6次东渡,经过千难万险,于754年1月23日抵达日本九州。不久在奈良东大寺建筑成坛,传授戒法,为日本佛教徒登坛受戒的开始。日本朝廷封他为"传灯大法师"。鉴真东渡,为中日两国的友谊作出了杰出的贡献。

动,故其成绩乃一无足纪也。

前所列百零五人中,惟宋云、慧生等五人,为北魏熙平中奉敕派往,其余皆自动也。(内刘宋时之道普,唐时之玄照,皆先已为自动的西游,归后乃敕派再游者。)此可见学问之为物,纯由社会的个人自由开拓,政府所能助力者,盖甚微耳。

西游诸贤中有籍贯可考者六十五人,以隶今地,则各省所得统计略如下:

甘肃	十人	河南	八人	山西	七人	两广	七人
四川	六人	湖北	五人	直隶	四人	陕西	四人
山东	四人	新疆	四人	辽东	四人	湖南	三人

最奇异之现象,则江淮浙人,竟无一也。此一带为教义最初输入发育之地,其人富于理解力,诸大宗派,多在此成立焉。独于当时之留学运动乃瞠乎其后者,其毋乃坚忍冒险之精神不逮北产耶?虽然,当前期(五世纪)运动最盛时,南北朝分立,西域交通,为北人所专享;后期(七世纪)运动时,政治中心点亦在西北,则江表人士,因乏地理上之便利,不克参加于此运动,亦非甚足怪也。

再将各人之行踪及生死列统计表如下:

(一)已到印度学成后安返中国者四十二人:

法护 法领 法显 智严 智羽 智远 宝云 僧景
慧达 沮渠京声 康法朗 慧 智猛 昙纂 法勇
道普 道泰 法盛 慧览 道药 惠生 宋云
宝暹及其同行者七人
玄奘 玄照 运期 智弘 大津 义净 慧日 慧超

鸠摩罗什法师像

鸠摩罗什（344~413），音译为鸠摩罗耆婆，又作鸠摩罗什婆，简称罗什。东晋时后秦高僧，著名的佛经翻译家。与真谛（499~569）、玄奘（602~664）并称为中国佛教三大翻译家。译出《摩诃般若》《妙法莲华》《维摩诘》《阿弥陀》《金刚》等经和《中》《百》《十二门》和《大智度》等论，共七十四部，三百八十四卷。

梁启超说佛

佛图澄法师像

　　佛图澄（232～348），本姓帛氏，自幼出家，钻研佛学，兼学中国诸子百家。他天资聪颖，又受名家指点，终于成为满腹经纶的高僧。他能背诵几百万字的经文，精通咒语咒术，能呼唤天神，役使鬼魔；他解晓铃音，据此占卜吉凶；他能用麻油、肥脂涂于掌上，千里之外的事物纤毫毕现。他肚脐旁有一个小孔，平时用絮塞住，每夜读书时拔出所塞之絮，孔中射出万道金光，照耀得满室如同白昼。他能数日不食，服气自养，斋戒之时，常至清流山涧，从腹孔中掏出五脏六腑在清水中洗涤，洗毕又还置腹内。

不空　含光　悟空　继业

（二）已到西域而曾否到印度无可考者十六人：

朱士行　慧常　进行　慧辩　僧建　慧简　慧嵬　慧应　昙学及其同行者七人

（三）未到印度而中途折回者，人数难确指：

法献（因葱岭栈道绝折回）　康法朗同行之四人（过流沙后折回）　智猛同行之九人（临度葱岭时折回）　义净同行之数十人（临登海舶时折回）　大津同行多人（临登海舶时折回）

（四）已到印度随即折回者二人：

慧命（以不堪艰苦折回）　善行（以病折回）

（五）未到印度而死于道路者三十一人：

于法兰（死于象林）　慧景（死于小雪山）　道嵩（死于波沦）　法勇同行者十二人（死于雪山），又八人（死于罽宾、天竺道中）　智猛同行者一人（死于葱岭西）　智岸（成都人，死于郎迦）　智岸（高昌人，死于海舶）　彼岸（同上）　昙闰（死于渤盆）　常慜及其弟子一人（死于诃陵）　法朗（死于诃陵）

（六）留学中病死者六人：

师鞭（年三十五）　会宁（年三十四五）　窥冲（年三十许）　信胄（年三十五）　法振、乘悟（卒年无考）

（七）学成归国而死于道路者五人：

道生　师子慧　玄会（俱经尼波罗被毒死）　僧隆（行至犍陀罗病死）　义辉（行至朗迦戍病死）

（八）归国后为第二次出游者六人：

（甲）再出游而死于道路者一人：道普（在青岛舶破而死）
（乙）再出游而欲归不得者一人：玄照
（丙）再出游遂留外不归者一人：智严
（丁）再出游而曾否再归无可考者三人：智羽　智远　运期

（九）留而不归者七人（？）：

朱士行(留于阗)　道整　道希　慧业　玄恪　智行　大乘灯（并留印度）

（十）归留生死无考者多人，其数难确指：

法净　僧绍　僧猛　昙朗　王伏　子统
法力　云启　道方　明远　义朗　义玄
解脱天　慧炎　慧轮　道琳　昙光　僧哲
玄游　灵运　无行　乘如　贞固　孟怀业

虚云法师像

　　法名古岩，俗姓萧，字德清，湖南湘乡人。清光绪十五年（1889）经西藏到不丹、锡兰、缅甸等地朝佛。光绪三十年，应昆明筇竹寺住持邀请来滇讲经，后赴北京奉迎《龙藏》一部，于鸡足山修建祝圣寺藏之，任主持，在寺十五年。1918年复来昆明住持圆通寺，募资扩修西山华亭寺，任住持十二年。1930年去福建，任鼓山寺住持。1952年任全国政协委员、中国佛教协会名誉会长，住持江西永修县云居山真如寺。世传寿一百二十岁。

  道宏 慧超 又与宝暹同行者二人

  与不空同行者二十七人 《求法传》中佚名者十人

  义净所称五百年前之唐僧二十许人 合计踪迹不明者八十余人

  上统计表所当注意者，其学成平安归国之人确凿可考者，约占全体四分之一；死于道路者亦四分之一；中途折回者似甚多；而留外不归之人确凿可考者数乃颇少也。

  又其留学期间之久暂可考见者，列表如下（以久暂为次）：

悟空	四十年
智猛	三十七年
义净	二十五年
惠生　宋云等	十九年
慧日	十九年
玄奘	十七年
大乘灯	十二年以上
玄照	第一次十一年　第二次不归
智严	第一次十年　第二次不归
慧轮	十年以上
大津	十年
不空	九年
智弘	八年
宝暹	等七年

  又此种留学运动，以一人孤征者为最多，若玄奘之独往独来，最足为此精神之代表矣。然属于团体运动者亦不少，如法显等十人团，

可为最初之探险队，成绩亦最优（智严、宝云皆团员之一）。次则智猛等十五人团，法勇等二十五人团，昙学等八人团，宝暹等十人团，不空等二十八人团，皆极济济矣。然法显、智猛，皆结队往而一人独归，抑亦等于孤征矣。至于继业等之三百人，则以官费派遣，在此项史料中，殊不甚足为轻重也。

留学运动之总成绩，盖不可以数算。前之法护、后之玄奘，其在译界功烈之伟大，尽人共知，不复喋述。至如《般若》之肇立，则自朱士行之得《放光》也；《华严》之传播，则自支法领求得其原本，而智严、宝云挟译师觉贤以归也；《涅》之完成，则赖智猛；《阿含》之具足及诸派戒律之确立，则赖法显；《婆沙》之宣传，则赖道泰；净土之盛弘，则赖慧日；戒经之大备，则赖义净；密宗之创布，则自不空。此皆其最荦荦可记者也。

留学运动之副产物甚丰，其尤显著者则地理学也。今列举诸人之游记，考其存佚如下：

（一）法显《历游天竺记传》一卷。今存。

《隋书·经籍志》著录，有《佛国记》一卷，《法显传》二卷，《法显行传》一卷。盖一书异名，史官不察，复录耳。书现存藏中，通称《法显传》或《佛国记》。《津逮秘书》、《秘册汇函》皆收录。近人丁谦有注颇详。

法人（Abel R'emusat）以1836年译成法文，在巴黎刊行，题为 Foe Koue Ki ou relations des royaumes bouddhiques；英人（Samuel Beal）续译成英文，在伦敦刊行，题为 Travels of Fahhian and Sung-yun.Buddhist Pilgrims from China to India；德文亦有译本。

（二）宝云《游履外国传》。《梁高僧传》本传著录。今佚。隋、唐《志》皆未著录。

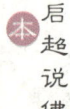

圆瑛法师像

　　圆瑛法师俗家姓吴，乳名昌发，学名亨春，出家后法名宏悟，字圆瑛，号韬光。1878年出生于福建省古田县平湖镇端上村，青年时期于福州鼓山涌泉寺出家。涌泉寺是曹洞宗的传承，但圆瑛法师后来却继承临济正宗三十九世慈运老和尚的法脉，为临济宗四十世法嗣。到1928年，又得福州大雪峰崇圣寺达本老和尚传法授记，为曹洞宗四十六世法嗣。圆瑛法师是民国时代佛教重要领导人之一，担任过七届中国佛教会主席和理事长，对佛教有着重大的贡献与影响。1953年9月，圆寂于宁波天童寺。

（三）昙景《外国传》五卷。今佚。《隋书·经籍志》著录。

（四）智猛《游行外国传》一卷。今佚。

《隋书·经籍志》著录，《唐书·艺文志》著录。僧祐《出三藏记集》引其一段。

（五）法勇（即昙无竭）《历国传记》。今佚。隋、唐《志》皆未著录。

（六）道普《游履异域传》。见《梁高僧传·昙无谶传》。今佚。隋、唐《志》皆未著录。

（七）法盛《历国传》二卷。《隋书·经籍志》著录，《唐书·艺文志》著录。今佚。

（八）道药《道药传》一卷。《隋书·经籍志》著录。今佚。《洛阳伽蓝记》节引。

（九）惠生《慧生行传》一卷。《隋书·经籍志》著录。今佚。《洛阳伽蓝记》节引。

（十）宋云《家记》一卷。《隋书·经籍志》著录。今佚。《洛阳伽蓝记》节引。

《魏国以西十一国事》一卷。《唐书·艺文志》著录。今佚。是否《家记》异名，今无考。

（十一）玄奘《大唐西域记》十二卷。今存。

《唐书·艺文志》著录，现存藏中。近人丁谦著有考证。

法人（Stanislas Julien）有法文译本，1857年刊行，题为 *Mémoires sur les Contrées Occidentales*；英人（Samuel Beal）有英文译本，题为 *Si-yu Ki: Buddhist Records of the Western World*。

（附）慧立《大慈恩寺三藏法师传》十卷。彦悰笺。今存。

慧立为玄奘弟子，记其师西游事迹。法人（Julien）以1853年译成法文，题为 *Histoire de la Vie de Hiouen Thsang et Ses*

Voyages dans l'Inde entre les an,nées 629 et de 642 de notre ére.

（十二）义净《南海寄归内法传》四卷。今存。

《唐书·艺文志》著录。日本高楠顺次郎有英文译本，1896年在牛津大学刊行，题为 Record of the Buddhist Religion。

（附）义净《大唐西行求法高僧传》二卷。今存。

此书为求法高僧五十余人之小传，其名具见前表。书中关于印度地理掌故尚多。法人（Ed, Chavannes）以1894年译成法文，题为 Ménoir sur les religieux éminents qui all érent cher cher la loi dans les—Pays d'occident。

（十三）无行《中天附书》。今佚。

《唐志》未著录，《求法高僧传》言有此书。慧琳《一切经音义》卷一百著录，题为《荆川沙门无行从中天附书于唐国诸大德》。

（十四）惠超《往五天竺国传》三卷。久佚，今复出。

《唐志》未著录。《一切经音义》卷一百著录。近十年来从敦煌石室得写本残卷，收入罗氏《云窗丛刻》。

（十五）继业《西域行程》。今佚。范成大《吴船录》节引。

以上十五种，皆前表中诸留学生之遗著也。其原书首尾具存者，惟法显、玄奘、义净三家，然全世界研究东方文化之人，已视若鸿宝。倘诸家书而悉存者，当更能赉吾侪以无穷之理趣也。其他留学界以外之人关于地理之著述尚多，实则皆受当时学界间接之影响也。举其可考者如下：

（一）道安《西域志》。（《隋书·经籍志》著录，今佚。释道安《水经注》征引多条。道安未尝出国门一步，此书盖闻诸曾游西域者。据《水经注》所引，其关于葱岭以西之记载，颇不少。疑道安朋辈中或有先法显而游印度者矣。）

（二）程士章《西域道里记》三卷。（《隋书·经籍志》著录，《玉海》卷十六著录。今佚。）

（三）彦琮《大隋西国传》十卷。（隋、唐《志》皆未著录。《唐高僧传》卷二《达摩笈多传》列举其目如下：一本传、二方物、三时候、四居处、五国政、六学教、七礼仪、八饮食、九服章、十宝货。此书盖彦琮述其所闻于笈多者，实一种有组织之著述也。）

（四）彦琮《西域玄志》一卷。（隋、唐《志》未著录。《法苑珠林》卷百十九著录。今佚。）

（五）《大隋翻经婆罗门法师外国传》五卷。（《隋书·经籍志》著录。今佚。）

（六）裴矩《隋西域图》三卷。（《隋书·经籍志》著录。《玉海》卷十六著录。今佚。）

佛教雕像

（七）王玄策《中天竺行记》十卷。（《唐书·艺文志》著录，《玉海》卷十六，《法苑珠林》卷百十九著录。今佚。其佚散见《珠林》各卷所引。玄策为贞观末年遣聘印度之使臣，在罽宾尝为政治活动，与当时留学界关系亦多。）

（八）韦弘机《西域记》（《唐志》未著录，《玉海》卷十六著录。今佚。）

（九）《唐西域图志》四十卷。（显庆三年许敬宗等奉敕撰。《唐书·艺文志》著录。今佚。）

（十）《西域志》六十卷。（唐麟德三年百官奉敕撰。《唐书·艺文志》著录，《法苑珠林》卷百十九著录。今佚。）

此外西方之绘画、雕塑、建筑、音乐，经此辈留学生之手输入中国者，尚不知凡几。皆教宗之副产物也。其详当于别篇叙之，今且从省。要之，此四五百年之留学运动，实使我中国文明物质上、精神上皆生莫大之变化，可断言也。

最后更当研究中印间交通状况。今依前表，其路线可考者如下：

第一，海路。

（甲）由广州放洋 义净、不空等出归皆遵此路。唐代诸僧，什九皆同。昙无竭归时遵此路。

（乙）由安南放洋 明远出时遵此路。觉贤来时遵此路。

（丙）由青岛放洋 法显归时遵此路。道普第二次出时遵此路。

凡泛海者皆经诃陵（即爪哇）、师子（即锡兰）等国达印度也。

第二，西域渴槃陀路。

（甲）经疏勒 宋云、惠生等出归皆遵此路。昙无竭出时遵此路。

（乙）经子合 法显出时遵此路。

（丙）经莎车 玄奘归时遵此路。

渴槃陀者，今塔什库尔干，即《汉书》之依耐，《佛国记》之竭又也。地为葱岭正脊，旅行者或由疏勒，或由子合，或由莎车，皆于此度岭。岭西则经帕米尔高原、阿富汗斯坦以入迦湿弥罗。此晋、唐间最通行之路也。

第三，西域、于阗、罽宾路。僧绍、宝云遵此路。

此路不经葱岭正脊，从拉达克度岭直抄迦湿弥罗，实一捷径也。与法显同行之僧绍，在于阗与显分路，即遵此行。又《宝云传》称其："从于阗西南行二千里登葱岭入罽宾。"当亦即此路。

第四，西域天山北路。玄奘出时遵此路。

此路由拜城出特穆尔图泊，经撒马罕以入阿富汗。除玄奘外未有行者。

第五，吐蕃尼波罗路。玄照出归遵此路。道生、师子惠、玄会等归时皆遵此路，道死。

此路由青海入西藏经尼波罗（即廓尔喀）入印度。惟初唐一度通行，寻复榛塞。

第六，滇缅路。《求法高僧传》所记古代唐僧二十许人遵此路。

《求法传》言五百年前有僧二十许人从蜀川牂柯道而出，注云："蜀川至此五百余驿。"计当时由云南经缅甸入印也。《慧传》称："叡由蜀西界至南天竺。"所遵当即此路。果尔，则此为东晋时一孔道矣。

第六之滇缅路，即张骞所欲开通而卒归失败者也。自南诏独立，此路当然梗塞。故数百年间，无遵由者。第五之吐蕃路，初唐时，因文成公主之保护，曾一度开通。然西藏至今犹以秘密国闻于天下，古代之锢蔽更可想。故永徽、显庆以后，吾国人经尼波罗者，辄被毒死，此路遂复闭矣。第四之天山北路，则玄奘时因突厥威虐，不能不迁道以就，故他无闻焉。第三之于阗、罽宾路，本较便易，而行人罕遵者，其故难明也。是故虽有六路，然惟第一海路之由广州放洋者，

与第二西域路之由莎车、子合度渴槃陀者最为通行。前者为七世纪时交通之主线,后者为五世纪时交通之主线。

  由此而当时留学运动之消长,与学生南北籍贯之偏畸,其消息皆可略窥也。海路之通,虽远溯汉代,然其时必无定期航行之船,盖可推定。①广州夙称瘴乡,中原人本视为畏途。到彼候船,动逾年岁,而能成行与否犹不可期,此宜非人情所欲。故竺僧之来者如昙摩耶舍、求那跋陀罗辈,留学毕业归国者如法显、法勇辈,虽遵此路,而首涂时罕遵者,殆以其无定也。反之而西域正路,自苻秦以来,葱左诸邦,半皆服属;元魏盛时,威及葱右,自玉门至吐火罗(即汉时月氏辖境)在政治上几为中国之附庸区域,所以行旅鲜阻而西迈者相接也。及北齐、北周分裂,突厥病隋,兹路稍榛莽矣。唐太宗盛时,西域、吐蕃,两路并通,游者恣其所择。然非久缘政治势力之变动,影响已及于旅途。玄照于高宗麟德中奉使再游,竟为西藏人、阿剌伯人所阨,欲归无路②。故《求法传》中人物,遵陆者什无一二,盖有所不得已矣。而当时海通事业,日益发荣。广州已专设市舶司,为国家重要行政之一。且又南北一家,往来无阂,故海途乃代陆而兴也。

  无论从何路行,艰苦皆不可名状。其在西域诸路,第一难关,厥为流沙。法显《佛国记》云:"沙河中多热风,遇则无全。上无飞鸟,下无走兽。遍望极目,莫知所拟,惟以死人枯骨为标帜。"慧立《慈恩传》云:"莫贺延碛,长八百余里……四顾茫然,人马俱绝。夜则妖魅举火,烂若繁星;昼则惊风卷沙,散如时雨。……心无所

---

  ①觉贤悬记五舶将至,坐此几构大狱。事见《梁高僧传》卷二本传。即此可见晋时海舶甚稀少也。

  ②《求法高僧传·玄照传》记照二次西游欲归路绝,云:"泥波罗道,吐蕃拥塞不通;迦毕试途,多氏捉而难度。"注云:"言多氏者,即大食国也。"案,大食即阿剌伯;迦毕试者,即今阿富汗都城喀布尔也。吐蕃拥塞,当指其时泥波罗设毒事。《传》又言照尝遇匈奴寇,仅存余命。可见彼时中国陆路交通之梗矣。

玄奘取经路线图

　　玄奘法师为了深入研究佛学，冒着生命危险，西行取经，一路穿过八百里大沙漠，翻过崇山峻岭，到达佛教发源地印度。玄奘在印度游历、研究和讲学，整整过了十三年。他在中印文化交流上有着卓越的贡献。玄奘在印度取得佛经六百多部回到祖国，就在长安进行大规模的翻译工作。他总共翻译了七十五部经典，对当时中国的社会文化各方面，都起了很大的影响。

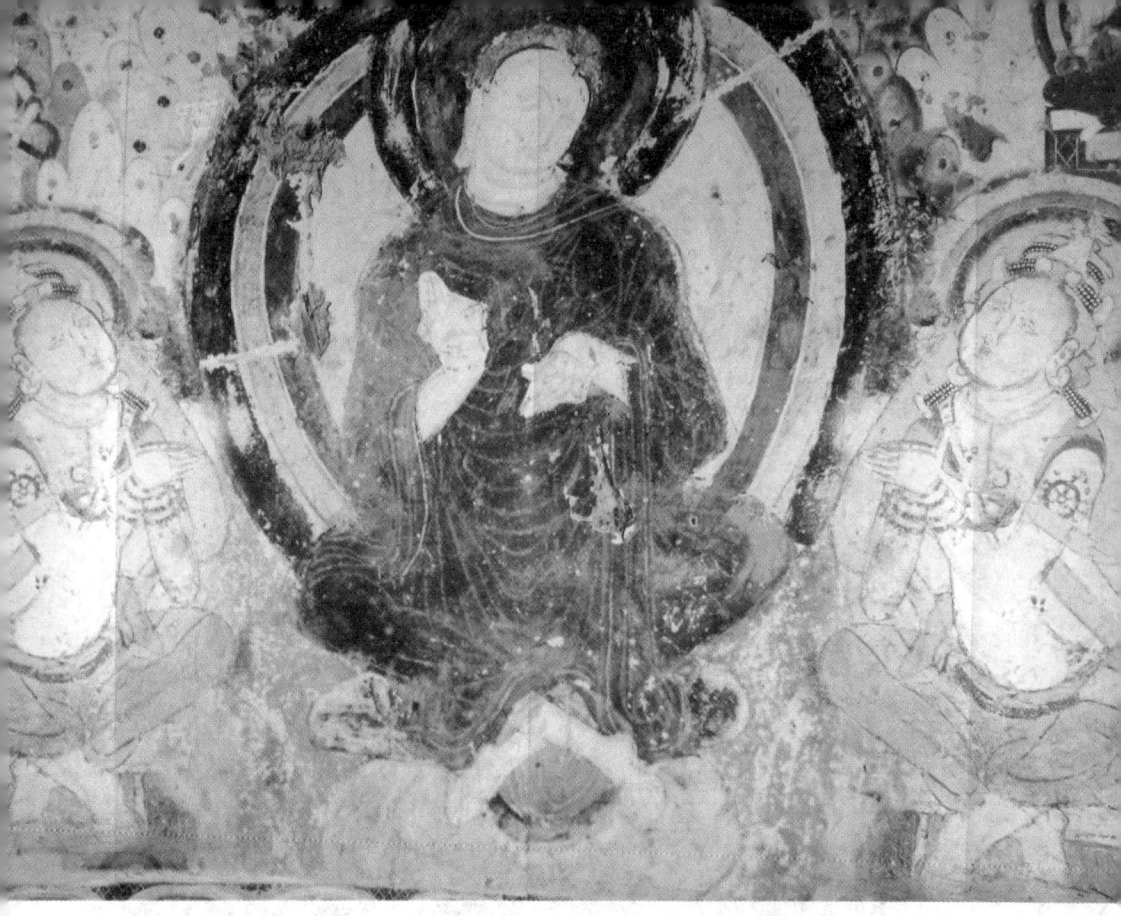

玄奘西行壁画（敦煌壁画局部）

惧，但苦水尽，四夜五日，无一滴沾喉，口腹干燥，几将殒绝。"此其艰悴，可见一斑。第二难关，则度岭也。《法显传》云："葱岭冬夏积雪。有恶龙吐毒，风雨砂砾。山路艰危，壁立千仞。凿石通路，傍施梯道，凡度七百余所。又蹑悬絚过河，数十余处。"自余各书描写艰状者尚多，不具引。故智猛结侣十五，至葱岭而九人退还（见本传）。慧立之赞玄奘亦曰："嗟乎！若非为众生求无上正法，宁有禀父母遗体而游此者哉！"（见《慈恩传》）第三难关，则帕米尔东界之小雪山也。《佛国记》云："南度小雪山，山冬夏积雪。由山北阴中过，大寒暴起，人皆噤战。慧景口吐白沫，语法显云：'我不复活，便可前去，勿俱死。'遂终。法显悲号，力前得过岭。"《昙无竭传》云："小雪山障气千重，层冰万里。下有大江，流急若箭。于东西两山之胁，系索为桥，十人一过。到彼岸已，举烟为帜，后人见烟，知前已度，方得更进。若久不见烟，则知暴风吹索，人堕江中。……复过一雪山，悬崖壁立，无安足处。石壁有故杙孔，处处相对。人各执四杙，先拔下杙，右手攀上杙，展转相攀，经三日方过。及到平地，料检同侣，失十二人。"此等记载，我辈今日从纸上读之，犹心惊胆裂，况躬历其境者哉！海路艰阻，差减于陆。然以当时舟船之小，驾驶之拙，则其险难，亦正颉颃。故法显东归，漂流数岛，易船三度，历时三年，海行亦逾二百日。中间船客遇风，谓载沙门不利，议投诸海（见《佛国记》）。求那跋陀罗绝淡水五日（见《梁高僧传》本传）。不空遭黑风兼旬（见《唐高僧传》本传）。道普舶破伤足，负痛而亡（见《梁高僧传·昙无谶传》）。常愍遇难不争，随波而没（见《求法高僧传》本传）。涉川之非坦途，可以想见。故义净之行，约侣数十，甫登舟而俱退也（见《唐高僧传》本传）。此犹就途中言之也。既到彼国，风土不习，居停无所，其为困苦，抑又可思。义净总论之曰："独步铁门之外，亘万岭而投身。孤标铜柱之前，跨千江而遣命。或亡餐几日，辍饮数晨。可谓思虑销精神，忧劳排正色。致使去者数盈半百，存者仅有几人。设令得到西国者，以大唐无寺，飘寄栖然，为客遑遑，停托无所。……"（《求法高僧传》原序）固写实之妙文，抑茹痛之苦语也。

上述地理上及人事上种种障碍，实为隔梗中印文明之高闉深堑。而我先民能以自力冲破之，无他故焉，一方面在学问上力求真是之欲望，烈热炽然；一方面在宗教上悲悯众生牺牲自己之信条，奉仰坚决。故无论历何险艰，不屈不挠。常人视为莫大之恐怖罣碍者，彼辈皆夷然不以介其胸。此所以能独往独来，而所创造者乃无量也。呜呼！后之学子闻其风者，可以兴矣。

梁启超说佛

佛教教理在中国之发展

本章为原定计划所无,嗣因第 （原文缺）章以下分论诸宗,于其彼此相互关系及宗派外之预备的发展,叙述不便,故增设一章以补其阙。所用资料,不免与他章间有重复。又本章务提纲挈领描出一隐括的概念,其详细情形,或非参考他章不能了解。又诸宗重要人物,他章既有专叙,故所论从略。其他次要人物,或反加详。骤视若繁简失当,此皆为行文方便起见,望读者谅察（按分论诸宗稿未成）。

佛教传自印度,其根本精神为"印度的",自无待言。虽然,凡一教理或一学说,从一民族移植于他民族,其实质势不能不有所蜕化,南北橘枳,理固然也。佛教入中国后,为进化,为退化,此属别问题。惟有一义宜珍重声明者,则佛教输入非久,已浸成中国的佛教,若天台、华严、禅宗等,纯为中国的而非印度所有;若三论、法相、律、密诸宗,虽传自印度,然亦各糁以中国的特色。此种消化的建设的运动,前后经数百年而始成熟,其进行次第,可略言也。

如本篇第一章所言,楚王英襄楷时代,盖以佛教与道教同视,或径认为道教之附属品,彼时盖绝无教理之可言也。自世高、迦谶、支谦、法护辈踵兴译业,佛教始渐从学理上得有根据。然初时并不知有所谓派别,并大小乘之观念亦无有。翘大乘以示别于小乘,似自朱士

佛图澄的神异故事（敦煌壁画）

行适于阗后也①。然我国自始即二乘错杂输入，兼听并信；后此虽大乘盛行，然学者殊不以傍习小乘为病。故大小之争，在印度为绝大问题，在我国则几无有。其揭小乘之帜与大乘对抗者，惟刘宋时有竺法度其人。②此外则慧导疑《大品般若》，昙乐非拨《法华》，僧渊诽谤《涅槃》，③皆可谓在我佛教史中含有怀疑精神之一种例外。然其学说今不可考见，其势力更绝不足轻重也。

中国北地佛教之开展，不能不归功于佛图澄。澄，龟兹人（以

---

①《梁高僧传》卷四《朱士行传》云："士行至于阗得《般若大品》梵本，遣弟子弗如檀赍还洛阳。未发之顷，于阗诸小乘众白王云：'汉地沙门，欲以婆罗门书，惑乱正典，王若不禁，将乱大法。'士行乃求烧经为证……投经火中，火即为灭……"中国人知有大、小乘之争似自此始。

②梁僧《出三藏记集》卷五，有小乘迷学竺法度造《异仪记》一篇，略言："刘宋元嘉中，有外国商人在南康生儿，后为昙摩耶舍弟子，名竺法度。执学小乘，云无十方佛唯礼释迦而已。大乘经典，不听诵读。"中国人专效忠小乘以反抗时代思潮者，惟此一人而已。

③慧导、昙乐、僧渊皆东晋刘宋间人。其疑经之事，并见僧《异仪记》，及姚秦僧之《喻疑篇》（《出三藏记集》卷五引）。

其姓帛知之)。以西晋怀帝永嘉四年至洛阳,东晋穆帝永和四年寂,凡在中国三十九年(310~348),始终皆活动于石赵势力之下。据本传(《梁高僧传》卷十)所纪事迹,半带神秘性,用是能感动石勒父子,起其信仰。《传》谓:"澄知勒不达深理,正可以道术为征。"此殆其不得已之苦衷耶。澄生平未译一经,未著一论,然不能疑为空疏无学。《传》称其:"诵经数百万言,善解文义。虽未读此土儒史,而与诸学士论辨疑滞,皆暗若符契,无能屈者。"又云:"澄妙解深经,傍通世论……听其讲说,皆妙达精理,研测幽微。"窃意澄对于中国人心理研究最为深刻,故能为我佛教界作空前之开拓。其门徒极盛,①而最能光大其业者,则道安也。

使我佛教而失一道安,能否蔚为大国,吾盖不敢言。安本姓卫,常山扶柳人(今直隶正定)。盖生于西晋惠帝时,以东晋孝武帝太元十四年(389)示寂,年可九十余②。早岁绩学燕赵间,中年久居襄沔,晚乃入关中。其传记为一极复杂而极一贯之历史,其伟大人格之面影随处发现。佛教之有安,殆如历朝创业期,得一名相然后开国规模具也。破除俗姓,以释为氏,发挥四海兄弟之真精神者,安也。制定僧尼轨范,垂为定式,通行全国者,安也③。旧译诸经,散

---

①《本传》云:"受业追随者,常有数百,前后门徒几且一万。"澄门下之盛可以概见。今依《梁高僧传》制澄门传授表如右表所示。

②本传记安卒年,而未著其所得寿数,无从推其生年。惟《传》称其年十二出家,三年执勤无怨。数岁后,为师所敬异,遣之游学,至邺,遇佛图澄。安之谒澄,最初亦当十七八岁,故能与澄对语,得其嗟赏。澄入中国,在晋怀帝永嘉四年,下距道安卒时之太元十四年,凡七十九年。若安年十七八岁,而澄初至即往谒者,即安当生于惠帝元康三、四年间,寿盖九十六七矣!《传》中又述:"安年四十五还冀部。"后乃续述石虎死(永和五)、冉闵乱(永和六)、慕容俊叛(永和八)等事;又言"安在樊沔十五载"。惜未列举年号对照,不能据以作道安法师年谱也。

③本传云:"安既德为物宗,所制僧尼轨范,佛法宪章,条为三例:一曰行香定座上经讲经之法;二曰常日六时行道、饮食、唱时法;三曰布萨、差使、悔过等法。天下寺舍,则而从之。"安可谓佛教教会最初之立法家也。

漫莫纪,安哀集抉择,创编经录,自是佛教界始有目录之学,功侔于刘中垒。①前此讲经,惟循文转读,安精意通会,弘阐微言,注经十余种,自是佛教界始有疏钞之学,业盛于郑康成。②安不通梵文,

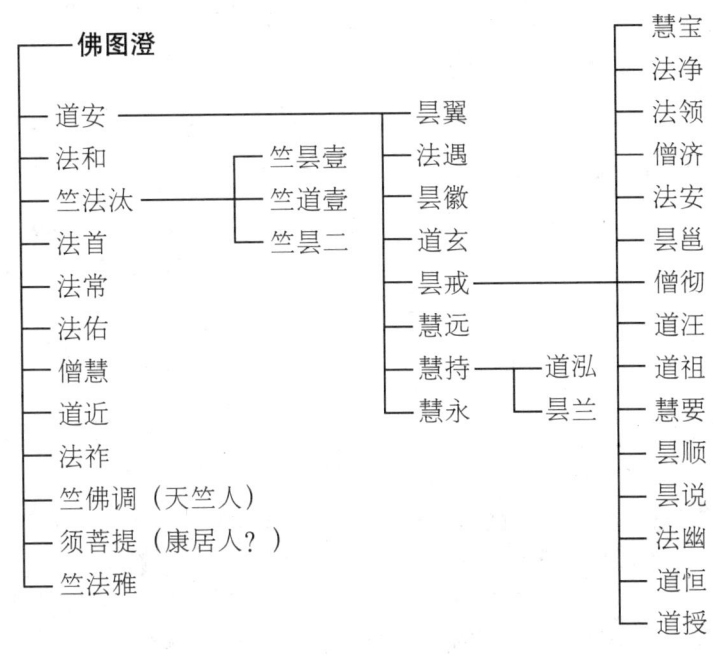

① 本传云:"自汉魏迄晋,经来稍多,而传经之人,名字弗说,后人追寻,莫测年代。安乃总集名目,表其时人,铨品新旧,撰为《经录》。众经有据,实由其功。"案,安所著《经录》,今已佚,惟僧《出三藏记集》全依据之。此如刘歆《七略》,赖班书《艺文志》以传矣。
② 安所注经,其目出于《出三藏记》者如下:
《光赞析中解》一卷　　《光赞抄解》一卷
《般若析疑准》一卷　　《般若析疑略》二卷
《般若起尽解》一卷　　《道行集异注》一卷
《了本生死注》一卷　　《密迹金刚持心梵天二经甄解》一卷
《贤劫八万四千度无极解》一卷　《人本欲生经注撮解》一卷(藏中现在者仅此书)
《安般守意解》一卷　　《阴持入注》二卷
《大道地经十法句义》廿八卷　　《义指注》一卷
《九十八结解》一卷　　《三十二相解》一卷
本传云:"安穷览经典,钩深致远,其所注《般若》《道行》《密迹》《安般》诸经凡二十二卷。"上所列者凡十六部十八卷,似尚未尽。又诸书有无后人伪托,尚待考证。要之注经之业,自安始也。又《出三藏记集》载安所撰诸经序凡十二篇,皆极有价值之文。

而对于旧译本，能匡正其误点，与原文暗相悬契，彼盖翻译文学之一大批评家也。①安未尝自有所翻译，然大规模之译业实由彼创设；原始佛教及哲理的佛教之输入，安其先登也。②佛澄之法统，由安普传；③罗什之东来，由安动议；④若南方佛教中心之慧远，为安门龙象，又众所共知矣（详下文）。习凿齿与谢安石书曰："来此见释道安，故是远胜，非常道士，师徒数百，斋讲不倦。无变化技术，可以感常人之耳目；无重威大势，可以整群小之参差。而师徒肃肃自相尊敬，洋洋济济，乃是吾由来所未见。其人理怀简衷，多所博涉；内外群书，略皆遍睹；阴阳算教，亦皆能通；佛经妙义，故所游刃。……"（本传引）此实绝好一篇道安传赞也。安遭值乱世，常率其徒千百，展转迁地就食。其一生事业，与众共之，而半成于流离

---

① 本传云："初经出已久，而旧译时谬。……安寻比文句，析疑甄解……"《魏书·释老志》云："道安以前所出经，多有舛驳，乃正其乖谬。……安卒后二十年，而罗什至长安。……安所正经义，与罗什新译，符会如一，初无乖舛。"此亦学界一佳话也。安对于翻译文，力主直译，翻译文体之成一问题自安始。余有《古代翻译文学之研究》一篇，专论此事。（见《改造》第三年第十一号）

② 前此经典，以二人对译为常。道安在苻秦时，与赵文业提携，于是所谓"译场组织"者渐可见。例如《增一阿含经》之传译，由文业发起，昙摩难提诵出，竺佛念译传，昙嵩笔受，安与法和考正其文，僧、僧茂助校漏失，此实大规模之译业之滥觞也，其由安主持译出之重要经典如下：

《中阿含经》《增一阿含经》 十四卷本《鞞婆沙论》《阿毗昙心论》《三法度论》《尊婆须密所集论》《僧伽罗刹所集佛行经》

上诸书共二百余卷，四《阿含》得其二，"说一切有部"之重要论本，始输入焉。中国之有计划的翻译事业，此其发端也。

③ 本传云："安至邺遇佛图澄，澄见而嗟叹，与语终日。众见形貌不称，咸共轻怪。澄曰：'此人远识，非尔俦也。'因事澄为师。澄讲，安每复述。"故知安之学实受自澄也。

④ 本传云："安先闻罗什在西国，思共讲析，每劝苻坚迎之。"后此坚遣吕光伐龟兹迎罗什，实采安议矣。

颠沛中。①非绝大之人格感化力,何以致此?安于宗教上情操至强固,中国人之弥勒信仰,似自彼创始。②然不以此减其学术上批评研究的态度,两者骈进,故能为佛教树健全基础也。

在第二期佛教史中,与道安占同等位置者,则鸠摩罗什也。读者当已知印度大乘教之建设,首推龙树,罗什则龙树之四传弟子也。③龙树性空之教理,在中国最占势力,什实主导之。其功绩及于我思想界者至伟大,今但略次其传。什父天竺产,母则龟兹王妹,彼实两异民族间之混血儿也。其夙慧乃轶恒理。七岁,日诵偈三万二千言,已洞解毗昙(小乘论也)。九岁,随母适印度,师大德盘头达多,受中、长二《阿含》四百万言。十二返西域,疏勒王礼为国师,于是声满葱左。龟兹王躬往温宿,迎之还国。年二十始受戒于王宫,盖昔之国师,仅一沙弥耳。什本宗小乘,旁究四吠陀、五明诸论,靡不精尽。在疏勒时遇莎车王子须耶利苏摩,始改习大乘。其本师盘头

---

①本传云:"安避难,潜于护泽。"又云:"冉闵之乱,安谓其众曰:今天灾旱蝗,寇贼纵横,聚则不立,散则不可。遂复率众入王屋女林山。"又云:"避乱渡河,依陆浑山栖木食修学。"又云:"南投襄阳,行至新野,谓徒众曰:今遭凶年,不有所依,则法难立。乃令法汰诣扬州,法和入蜀,安与弟子慧远等四百余人渡河。"安中年遭难流离情形略如是。晚为苻坚所礼敬,稍安适矣。然实目睹苻氏之亡,诸重要经典,多在围城中宣译。其所作《增一阿含经序》云:"此年有阿城之役,伐鼓近郊,而正专在斯业之中。"(《出三藏记集》卷十引)《僧伽罗刹经序》云:"时慕容作难。"(同上卷十一引)可见其不以世难废法事也。

②本传云:"安于弥勒前立誓愿生兜率。"此种信仰为净土宗之前驱。

③日本凝然(距今六百四十年前人)《八宗纲要》述三论宗传授渊源,谓:"龙树授提婆,提婆授罗睺罗,罗睺罗授莎车王子,王子授罗什三藏。"此王子即须耶利苏摩也。其根据所出尚待考,但以年代约算,则龙树四传至罗什,固属可信。至教义之一脉相承,则甚显著矣!

甘肃敦煌藏经洞所出唐代写本

达多，就诘之，为所折，翻北面执弟子礼。其文辞辩说之优美，尤一时无对。道安闻其名，劝苻坚迎之。龟兹留不遣，坚遣将吕光灭龟兹，挟以归。至姑藏而苻氏亡，光自主，称凉王，什见羁于凉十又八年。姚秦弘始三年（晋隆安四，西400年），凉降于秦，什乃至长安，姚兴待以国师之礼。当道安卒后十一年，而法显西行之次年也。兴为辟逍遥园，四事供养，请译经典。都什所译三百余卷，诸部经律论咸有，①然其主要者乃在般若性空之教。盖印土大乘，本自此派发轫也。什卒于弘始十一年（晋义熙八，西412年），则昙无谶至凉之年也。年寿无考，但似非享高寿者。②什虽邃于学，然持戒不严，吕光尝以龟兹王女逼妻之，姚兴复强馈妓女十人。《传》称其："每至

---

①什所译书《出三藏记集》著录三十二部三百余卷（《高僧传》同）；《历代三宝记》著录九十七部四百二十五卷，《开元录》著录七十四部三百八十四卷。《三藏集》殆较可信。

②《传》称什年二十受戒后，其母知龟兹将亡，辞往天竺。什留龟兹二年，而盘头达多至。次叙苻坚建元十三年，遣使往龟兹迎什。次叙十八年吕光灭龟兹。什受戒距建元十三凡几年，无从确考。但《传》又云："吕光见什年齿尚少，乃戏妻以王女。"以是推之，时什年恐未逾三十也。合之在凉十八年，在长安十二年，寿约六十欤？

讲说，常先自说。譬如臭泥中生莲花，但采莲花，勿取臭泥也。"就此点论，与道安之严肃自律殊科矣。什在中国，历年虽暂，然其影响之弘大，乃不可思议。门下号称三千，有四圣、十哲之目，北之僧肇、道融，南之道生、慧观，其最著也。① 佛教从学理上得一健实基础，而为有系统的发展，自什始也。

道安、罗什，实当时佛教之中心人物。而安公以其高尚之人格，宏远之规画，提挈众流。什公以其邃密之学识，锐敏之辩才，创建宗派，可谓相得益彰也矣！两公弘法之根据地，皆在长安，而其徒侣布于全国。其在吴者则法汰也，道生、慧观、僧导也；其在皖者，则道融也；其在鄂者，则昙翼、昙鉴也；其在赣者，则慧远、慧 也。沿长江全域，皆两公宗风所被矣。

于兹有一重要之地点宜特叙者，曰凉域。读吾书者，当已熟知佛教与西域之关系。夫西凉则西域交通之孔道也。西凉佛教界有两要人，其一法护，其二昙无谶。两人功绩，皆在翻译。而护为西行求法之先登者，纯大乘的教理之输入，且先于罗什，但系统未立耳。其在西陲之感化力亦至伟，有敦煌菩萨之号。谶之大业，在译《涅槃》，与罗什之《般若》，譬犹双峰对峙，二水中分也。其异同之点，下方论之。

今宜论江南矣。吾不尝言佛教之初输入在江淮间耶？自楚王英、安世高以来，此教在南方，已获有颇深厚之根柢。然以其地非政治中心点所在，发展未充其量也。及孙吴东晋以迄宋齐梁陈，政治上分立之局数百年。且中原故家遗族，相率南渡，与其地固有之风土民习相

---

① 本传云："沙门僧……等八百余人咨受什旨。"又据诸经序文所记述，则译《大品》时，集伍百余人；译《法华》时，集二千余人；译《思益》时，亦集二千余人；译《维摩》时，集二千百余人；而《唐僧传》卷三《波颇传》亦称"什门三千"。虽或稍涉铺张，然其门下之盛，盖可推见。今依《梁僧传》可考见者制什门传授表，而以其印度学统所自出先焉。

```
龙树──提婆──罗睺罗──须耶利苏摩─┐
                              │
  ┌─鸠摩罗什──────────────────────┘
  ├ 僧䂮   最老辈,曾参道安译事。道融 什卒后,自长安彭城说法,弟子常千人。
  ├ 昙影   助什译《成实论》,著《法华严疏》者。
  ├ 僧叡   什所翻经,并参正。《智度》、《中》、《十二门》诸论,叡皆有序,今传。
  ├ 道恒   二人殆皆有政治才,姚兴尝逼令还俗,欲授以政。
  ├ 道标   什、䂮力请仅免。
  ├ 僧肇   著般若无知论著《般若无知论》、《不真空论》、《物不迁论》、《涅槃
  │        无名论》,所谓肇公四论者是也。蔚然称什门正统,卒时年仅三十一。
  ├ 道生   本居庐山,与慧远同学。什至,乃入爰业,倡顿悟成佛说,开禅宗端绪。所
  │        著有《二谛论》、《佛性当有论》、《法身无色论》、《佛无净土论》等。
  ├ 慧叡   本居庐山,与道生同入关从什游。
  ├ 慧岩   岩本居庐山,与道生同入关从什游。南本《涅槃》,岩所在治也。
  ├ 慧观   观本居庐山,与道生同入关从什游,著《辩宗论》,论顿悟、渐悟义。
  ├ 僧弼   参什译事
  ├ 龙光
  ├ 昙幹
  ├ 僧苞
  ├ 昙鉴
  ├ 慧安   初入庐山,后从什游。
  ├ 昙无成  著《实相论》、《明渐论》。
  ├ 僧导   导著《成实义疏》、《三论义疏》及《空有二谛论》等。
  ├ 僧因
  ├ 道温   本慧远弟子,后从什游。
  ├ 僧楷
  ├ 僧业   二人并从什学律
  ├ 慧询
  └ 昙济   四传而至吉藏,三论宗之初祖。
```

玄奘法师塔

玄奘法师塔,又名兴教寺塔,位于陕西省长安县杜曲镇以东少陵塬畔原兴教寺内。玄奘塔建起之后,唐中宗李显赞为"大遍觉",故称大遍觉塔。后来,唐肃宗李亨曾来此游览,题塔额曰"兴教",从此这座寺名曰兴教寺至今。

结合,粲然成一新文化,与北地对峙。凡百皆然,而佛教亦其例也。江南佛教教理的开展,以优婆塞支谦为首功。谦旧名越,字恭明,本月支人。其大父以汉灵帝世率种人数百归化,故为中国人焉。谦十三岁学梵书,通六国语。孙权时避地归吴,译《维摩诘》、《首楞严》、《法句》、《本起》等二十七经,其文最流便晓畅。然喜杂采老庄理解以入佛典,在译界中实自为风气。[1]吾固尝言之矣,江淮间人好谈玄,自西汉时已见端;及晋南渡,而斯风大畅。盖以中原才慧之民,入江左清淑之地,发挥固有之地方思想,而蜕化之以外来之名理。"中国的佛教",实自兹发育,而支谦则最足为其初期之代表也。

有一现象宜特别注意者,则东晋宋齐梁约二百余年间,北地多高僧,而南地多名居士也。此期间,江左僧侣,欲求能媲美北方之道安、法显、智严、宝云、法勇辈者,虽一无有,慧远、慧叡辈,皆北产也。而居士中之有功大教者乃辈出。夫支谦则固一居士矣,其尤著者,若与慧远手创莲社之彭城刘程之,若注《安般经》之会稽谢敷,若著《喻道论》之会稽孙绰,若以三礼大家而归心净土之南昌雷次宗,若著《神不灭论》之南阳宗炳,若对宋文帝问而护法有功之庐江何尚之,及其子何点、何胤,若著持《达性论》之□□颜延之,若再治南本《涅槃》之阳夏谢灵运,若难张融《门论》之汝南周颙,若创造雕刻艺术之会稽戴逵,若作《灭惑论》之东莞刘勰,若作《心王铭》为禅宗开祖之义乌傅翕,若注《法华经》之南阳刘虬,若驳顾欢《夷夏论》之摄山明休烈,皆于佛教所造至深而所裨至大,然而皆在家白衣也。除弘教外,其文学及他种事业,皆足以传于后。若是者,求诸北地,亦虽一无有也(?)。最奇特者,佐梁元帝剪除凶

---

[1] 僧叡著《思益梵天所问经序》云:"恭明前译,颇丽其辞,仍述其旨,是使宏标乖于谬文,至味淡于华艳。"道安著《摩诃钵罗若波罗蜜钞经序》云:"又罗支越,断凿之巧者也。巧则巧矣,惧窍成而混沌终矣。"(《出三藏记集》卷九引)观此可知支谦流之译风。

逆之荆山居士陆法和，拥军数万，开府数州。然自幼至老，严守戒律，其部曲皆呼为弟子也。其余为王导、庚亮、周顗、谢鲲、桓彝、王濛、谢安、郗超、王羲之、王垣之、王恭、王谧、范汪、殷觊、王珣、王珉、许询、习凿齿、陶潜辈，或执政有声，或高文擅誉，然皆与佛教有甚深之因缘。至如齐竟陵王萧子良，梁昭明太子萧统，皆以帝王胤胄，覃精教理，斐然有所述作。若梁武帝之舍身临讲，又众所共知矣。①要之，此二百余年间南朝之佛教，殆已成"社会化"——为上流士夫思潮之中心，其势力乃在缁徒上；而其发展方向，全属名理的，其宗教色彩乃甚淡，故仪式的出家，反不甚以为重也。其所为相率趋于此涂者，则亦政治上、社会上种种环境有以促之。刘遗民（即程之）答慧远云："晋室无磐石之固，物情有累卵之危，吾何为哉？"（《居士传》本传）此语可代表当时士大夫之心理。盖贤智之士，本已浸淫于老庄之虚无思想，而所遭值之时势，又常迫之使有托而逃。其闻此极高尚幽邃之出世的教义，不自知其移我情，有固然也。然因此与印度之原始佛教，已生根本之差违，消极的精神，遂为我佛教界之主要原素矣！

南朝僧侣第一人，端推慧远。远固北人（雁门楼烦人，俗姓贾），为道安大弟子。生于晋元帝咸和八年，卒于晋安帝义熙十二年（西333～416年）。其卒年即法显归自印度之年也。彼其一生，略与东晋相终始。安分遣弟子弘法四方，远遂渡江而南，与其徒四十余人偕。初止江陵，欲诣罗浮，过庐山，乐其幽静，栖焉。历史上有名之东林寺，其遗迹也。远宅庐三十余年，未尝出山一步。而东林为佛界中心，殆与长安之逍遥园中分天下。宰辅若王谧、刘裕，方镇若桓伊、陶侃、殷仲堪，篡贼若桓玄，海盗若卢循，咸入山或赍书致敬，

---

① 所举诸居士之事迹及著述，参看清彭际清《居士传》、梁僧《弘明集》、唐道宣《广弘明集》及《晋书》《宋书》《南齐书》《梁书》《南史》各本传。

远悉以平等相视。晋安帝过山下，或讽远迎谒，远称疾不行，帝手书问讯焉。罗什在秦，译《大智度论》成，秦主姚兴，亲致远书，乞作序以为重（序今存见《出三藏记集》卷十一）。其为南北物望所宗，类如此。远未尝一为权贵屈，然并非厌事绝俗，遇法门重要问题发生，常以积极的精神赴之。初庾冰欲强沙门致敬王者，朝臣多反对，乃寝。桓玄辅政，重提前议，远贻书责玄，更著《沙门不敬王者论》五篇，发挥释尊平等精神，促僧侣人格上之自觉，玄敬惮，卒从其议①。罗什甫入关，远即致书通好，尽遣其高第弟子往就学。什译《十诵律》，因暗诵人死，中辍。远物色他人，介绍之续其业。什门排摈觉贤，远为和解。凡此之类，足见其对外活动，不厌不倦。远遣弟子法领、法净，留学印度，大获梵本，其遐举盖在法显之先也。远在庐山置般若台译经，实私立译场之创始者。远集同志百二十三人结白莲社，修念佛三昧，为此方净土宗之初祖。综其一生事业，不让乃师道安，而南部开宗之功，抑艰瘁矣。

兹事于吾国大乘思潮之分派，有绝大消息，今宜稍详述之。读者当已熟知佛灭后印度之佛教，常为空有两宗对峙之形势矣。又知大乘之空有两宗，以龙树、世亲为代表矣。又知鸠摩罗什为龙树空宗之嫡传矣。而觉贤盖即介绍世亲有宗入中国之第一人也。觉贤梵名为佛驮跋陀罗，迦维罗卫人，与释尊同族属，学于罽宾，似尝隶萨婆多部②。师佛大先，精于禅法③。智严西行求法，归时礼请东来。以姚秦

---

①远此文见《弘明集》，藏中亦有单本。

②《出三藏记集》中之萨婆多部目录，列有"长安城内齐公寺萨婆多部佛驮跋陀"，即觉贤也。据此，似贤实为"有部"中人物。彼久居罽宾，渊源亦宜接近。然案其问答语及其所传禅法，则固不能纯指为"有部"系统也。要之"有部"教义与龙树派之空宗的大乘极相远，而与世亲派之有宗的大乘反接近，此不可不知者。

③佛大先者，萨婆多部目录所称第五十二祖。《达摩多罗禅经》所称第四十九祖也。其人为"有部"大师，而于禅宗极有关系者。觉贤有功于佛教界，实在其传禅法，译经抑余事耳，当于禅宗章别论之。

石雕菩萨

时至长安,正罗什万流仰镜之时也。贤初见什,即不餍其望。"秦太子泓欲闻贤说法,乃要命群僧,集论东宫,什与贤数番往复。什问曰:'法云何空?'答曰:'众微成色,色无自性,故唯色常空。'又问:'既以极微破色空,复云何破一微?'答曰:'群师或破折一微,我意谓不尔。'又问:'微是常耶?'答曰:'以一微故众微空,以众微故一微空。'时宝云译出此语,不解其意,道俗咸谓贤之所计,微尘是常。余日,长安学僧复请更释,贤曰:'夫法不自生,缘会故生。缘一微故有众微,微无自性,则为空矣。宁可言不破一微常而不空乎?'……"(《梁高僧传》卷二本传)观此问答,便知什、贤两人学说,其出发点确有不同,什盖偏于消极的、玄想的,贤则偏于积极的、科学的也。以什公之大慧虚怀,自不至于无诤中起诤想,然其门下主奴之见,固所不免。什受姚兴所馈妓女,"自尔以来,不住僧坊,别立廨舍,供给丰盈。"(《什本传》语)贤笃修净业,戒律谨严,同为外国大师,未免相形见绌。又当时诸僧"往来宫阙,盛备人事。惟贤守静,不与众同……四方乐静者,并闻风而至。"(《贤本传》语)似此众浊独清,理宜见嫉。什门老宿僧䂮、道恒辈,乃借薄物细故,横相排摈,几兴大狱(其排贤口实不值征引,读者欲知,可看本传)。本传云:"大被谤黩,将有不测之祸,于是徒众,或藏名潜去,或逾墙夜走,半日之中,众散殆尽。"当时事情之重大,可以想见。贤遭摈,恬不为意,率弟子智严、宝云等四十余人,飘然南下。慧远特遣弟子昙邕一入关,为之和解。然贤竟不复北归,与远相依于庐山。其后乃于建康道场寺创译远弟子法领所得《华严》,今六十卷本是也。法显所得《僧祇律》,亦由贤传译。自余译述,尚十数种,华严宗风之阐播,实造端于是。然则贤之见摈南渡,抑大有造于我佛界矣!

要之罗什以前,我佛教界殆绝无所谓派别观念,自罗什至而大小

江苏南京栖霞山石窟造像

石雕菩萨

乘界线分明矣。自觉贤至而大乘中又分派焉。同时促助分化之力者，尚有昙无谶之译《涅槃》。盖《华严》之"事理无碍"，《涅槃》之"有常有我"，非直小乘家指为离经叛道，即大乘空宗派亦几掩耳却走矣。故什门高弟道生精析《涅槃》，倡"阐提成佛"之论，旋即为侪辈所摈，愤而南下。①吾侪将此事与觉贤事比而观之，足想见当什门上座，大有学阀专制气象，即同门有持异义者，亦不能相容。虽然，自兹以往，佛教界遂非复空宗嫡派之所能垄断，有力之新派，句出萌达矣。

---

① 《梁高僧传》卷七《竺道生传》："生著《佛性当有论》……等，笼罩旧说，妙有渊旨。而守文之徒，多生嫌嫉，与夺之声，纷然竞起。又六卷《泥洹》（即《涅槃》，先至京都，生剖析经理，洞入幽微，乃说一阐提人皆能成佛。于是大本未传，孤明先发，独见忤众。于是旧学以为邪说，讥愤滋甚，遂显大众摈而遣之。……生投迹庐山，众咸敬服。后《涅槃》大本至南京，果与生说若合符契。"读此可见长安旧侣之若何专制，与夫创立新说之若何忤俗，又可见远公之在庐山，实为当时佛教徒保留一自由之天地也。

佛教心理学浅测

六月三日为心理学会讲演

一

诸君,我对于心理学和佛教都没有深造研究,今日拈出这一个题目在此讲演,实在大胆。好在本会是讨论学问机关,虽然见解没有成熟,也不妨提出来作共同讨论的资料。我确信研究佛学,应该从经典中所说心理学入手;我确信研究心理学,应该以佛教教理为重要研究品。但我先要声明,我不过正在开始研究中,我的工作,百分未得一二。我虽自信我的研究途径不错,我不敢说我的研究结果是对。今天讲演,是想把个人很幼稚的意见来请教诸君和海内佛学大家,所以标题叫做"浅测"。

二

倘若有人问佛教经典全藏八千卷,能用一句话包括他吗?我便一点不迟疑答道:"无我我所。"再省略也可以仅答两个字:"无我。"因为"我"既无,"我所"不消说也无了。怎样才能理会得

插图本 梁启超说佛

念经用的木鱼

这无我境界呢？我们为措词便利起见，可以说有两条路，一是证，二是学。"证"是纯用直观，摆落言诠，炯然见出无我的圆相。若搀入丝毫理智作用，便不对了。"学"是从学理上说明"我"之所以无，用理智去破除不正当的理智。学佛的最后成就，自然在"证"，所以"有学"这个名词，在佛门中专指未得上乘果的人而言。但佛教并不排斥学，若果排斥学，那么，何必说法呢？我们从"证"的方面看，佛教自然是超科学的；若从"学"的方面看，用科学方法研究佛理，并无过咎。

　　佛家所说的叫做"法"。倘若有人问我法是什么?我便一点不迟疑答道:"就是心理学。"不信,试看小乘俱舍家说的七十五法,大乘瑜伽家说的百法,除却说明心理现象外,更有何话?试看所谓五蕴,所谓十二因缘,所谓十二处、十八界,所谓八识,哪一门子不是心理学?又如四圣谛、八正道等种种法门所说修养工夫,也不外根据心理学上正当见解把意识结习层层剥落。严格的说,现代欧美所谓心理学和佛教所讲心识之相范围广狭既不同,剖析精粗亦迥别,当然不能混为一谈。但就学问大概的分类说,说"心识之相"的学问认为心理学,并无过咎。至于最高的"证",原是超心理学的。那是学问范围以外的事,又当别论了。

三

佛教为什么如此注重心理学呢?因为把心理状态研究得真确,便可以证明"无我"的道理。因为一般人所谓"我",不过把"意识相续集起的统一状态"认为实体,跟着妄执这实体便是"我"。然而按诸事实,确非如此。状态是变迁无常的东西,如何能认为有体?《唯识颂》说:

> 由假说我法,有种种相转,彼依识所变。

意思说是:"因为说话方便起见,假立'我'和'法'的名称,于是在这假名里头有种种流转状态之可言。其实在这假名和他所属的状态,不过依凭'识'那样东西变现出来。"简单说,除"识"之外无"我"体,然而"识"也不过一种状态。几千卷佛典所发明的,不外此理。

我们为研究便利起见,先将"五蕴皆空"的道理研究清楚,其余

西夏译经图

　　图中刻僧俗人物25身，有西夏文题款12条，记录图中主要人物的身份和姓名。上部正中跏趺而坐的高僧为译场主译白智光，旁列16人为"助译者"，其中8位僧人分别有党项人或汉人人名题款。图下部人身较大者，左为"母梁氏皇太后"，右为"子明盛皇帝"，为西夏惠宗秉常及其母梁氏皇太后。此图形象地描绘了西夏译经的场面和皇太后、皇帝重视译经，亲临译场的生动情景，是研究西夏译经史不可多得的资料，也是中国目前所见唯一的一幅译经图。

便可迎刃而解。

五蕴或译五阴，或译五聚。"蕴"是什么意思呢？《大乘五蕴论》说：

> 以积聚义说名为蕴，谓世相续，品类趣处差别，色等总略摄故。

什么是"世相续"？谓时间的随生随灭，继续不断。什么是"品类趣处差别"？谓把意识的表象分类。佛家以为从心理过程上观察，有种种观念在时间上相续继起，而且内容像很复杂，很混乱。但可以用论理的方法分为五类，每类都是状态和状态联构而成，一聚一聚的，所以叫做聚，又叫做蕴。

五蕴是色、受、想、行、识。佛家以为心理的表象，这五种包括无遗。这五种的详细解释，很要费些话，今为讲演便利起见，姑用现代普通语先略示他的概念。

色——有客观性的事物
受——感觉
想——记忆
行——作意及行为
识——心理活动之统一状态

我这种训释是很粗糙的，不见得便和五蕴内容吻合。详细剖析，当待下文。但依此观念，用西洋哲学家用语对照，可以勉强说，前一蕴是物，后四蕴是心。《大毗婆沙论》（卷十五）说：

插图本 梁启超说佛

> 总立二分,谓色、非色。色即色蕴,非色即是受等四蕴。……色法粗显,即说为色。非色微隐,由名显故,说之为名。

色蕴是客观性较强的现象,有实形可指或实象可拟,故属于西洋哲家所谓物的方面。受等四蕴,都是内界心理活动现象,像是离外缘而独立,专靠名词来表他性质——例如什么是"记忆",没有法子把他的形或象呈献出来,不过我们认识"记忆"这个名词所含的意义,便也认识"记忆"的性质。这类心理现象"微隐而由名显",佛家把

石雕卧佛

他和色对待，叫做非色，亦叫做名，即是西洋哲家所谓心的方面。据这种分析，则是色蕴与后四蕴对峙，其类系如下：

色＝物

受　┐
想　│＝非色＝名＝心
行　│
识　┘

五蕴还有第二种分类法。佛家因为要破除"我"和"我所"，所以说五蕴。说五蕴何以能破除我、我所？因为常人所认为我、我所者，不出五蕴之外。《大乘阿毗达磨杂集论》（卷一）说：

  问：何因蕴唯有五？答：为显五种我事故。谓为显身具我事（色），受用我事（受），言说我事（想），造作一切法非法我事（行），彼所依止我自体事（识）。于此五中，前四是我所事，第五即我相事……所以者何？世间有情多于识蕴计执为我，余蕴计执我所。

这段话怎么讲呢？据一般人的见地，眼、耳、鼻、舌是我的，色、声、香、味是我接触的，自然色是我所有的色，乃至我感觉，故受是我所有，我记忆，故想是我所有，我作意或行为，故行是我所有。

这四种虽然或属物理现象或属心理现象，但都是由我观察他，认识他，所以都说是我所。然则能观察、能认识的我是什么呢？一般人以为"心理活动统一之状态"的识即是我。笛卡儿所谓"我思故我

存"就是这种见解。依这样分析,则是识蕴与前四蕴对峙,其类系如下:

```
色 ┐
受 │
想 ├ =所认识的=我所
行 ┘

识=能认识的=我
```

佛家以为这五种都是心理过程,一样无常不实,所以用平等观建设"五蕴皆空"的理论。

我们要证明五蕴皆空说是否合于真理,非先将五蕴的内容、性质分析研究不可。内中受、想、行三蕴,就常识的判断,人人都共知为心理过程,没有多大问题。独有那客观存在的色蕴和主观所依的识蕴,一般人的常识都认为独立存在。何以佛家也把他和那三蕴平列,一律说是无常,说是空?明白这道理,可以知道佛法的特色了。今引据经论,顺序说明。

四

1. 色蕴

《大乘五蕴论》(以下省称《五蕴论》)说:

> 云何色蕴?谓四大种及四大种所造色。……

《大乘阿毗达磨杂集论》(以下省称《杂集论》)(卷一)说:

释伽牟尼像

问：色蕴何相？答：变现相是色相。此有二种：一、触对变坏；二、方所示现。触对变坏者，谓由手、足乃至蚊、蛇所触对时即便变坏。方所示现者，谓由方所可相示现如此如此色。如此如此色或由定心或由不定寻思相应种种构画。……如此如此色者，谓形显差别；种种构画者，谓如相而想。

《五事毗婆沙论》（以下省称《五事论》）（卷上）说：

问：依何义故说之为色？答：渐次积集，渐次散坏，种种生

长,会遇怨亲,能坏能成,皆是色义。佛说:变坏故名为色,变坏即是可恼坏义。

《顺正理论》(卷三)说:

> 诸所有色,若过去,若未来,若现在,若内,若外,若粗,若细,若胜,若劣,若远,若近,如是一切略为一聚,说名色蕴。

我们试综合这几段话研究佛家所谓色。所谓"四大种"者,指坚、湿、暖、动四种性——世法呼为地、水、火、风之"四大"。所谓"所造色"者,指由这四种性构造出来形形色色的事物,内中大别为两样性质:一、有形可指的,叫做"触对变坏",如山、川、草、木、眼、耳、口、鼻、笔、墨、桌、椅等皆是。触对变坏怎么讲呢?或为手等所能触,或为眼等所能对,但用人力或他种力加到他身上,他会变样子或破坏。二、有象可寻的,叫做"方所示现",如长、短、方、圆、青、黄、赤、白、甜、酸、苦、辣等以及其他许多抽象观念皆是。方所示现怎么讲呢?我们将各种印相各各给他安上一个名,如何便是方,如何便是圆。……方、圆等名是我构画出来,碰着对象合于我构画的方便认为方,合于我构画的圆便认为圆,这便是"如相而想"。

这种种色依物质运动的理法,碰着有和合性的便相吸,碰着有抵逆性的便相拒。相吸便成,相拒便坏,所以说:"会遇怨,或亲便,能坏或能成。"既已怨亲交错成坏回环,所以凡物色都是"渐次积集,渐次散坏"。不独触对变坏的色为然,即方所示现的色亦然,所以说是变现或变坏或恼坏。恼是刺戟的意思,坏是变化的意思。

广州光孝寺大殿

广州民谚说:"未有羊城,先有光孝。"广州光孝寺是羊城年代最古、规模最大的佛教名刹。该寺最初是南越王赵佗(220~265)之孙赵建德的住宅。三国时吴国都尉虞翻因忠谏吴王被贬广州,住在此地,并在此扩建住宅讲学,虞翻死后,家人把住宅改为庙宇,命名"制止寺"。东晋时期,西域名僧昙摩耶舍来广州弘法时,在此建了大雄宝殿。唐宋时期,该寺改为"报恩广教寺"。南宋绍兴二十一年(1151)改名光孝寺。此名一直沿用至今。高僧慧能曾在该寺的菩提树下受戒,开辟佛教南宗,称"禅宗六祖",为该寺增添了不朽的光彩。

如是种种色不问为过去、现在、未来、内界、外界所变现，不问变现出来的粗、细、胜、劣、远、近。我们用逻辑的分类，认他同一性质，统为一"聚"，叫做色蕴。为什么把他们统为一聚呢？《集异门足论》（卷十一）说：

问：云何一切略为一聚？答：推度思惟称量观察集为一聚，是名为如是一切略为一聚说名色蕴。

因为我们用同样的推度思惟称量观察的方式，认识所谓"色"这类东西，所以说是一聚，其余那四聚的名称，也因此而立。

佛家又将色相分为三大类，《大毗婆沙论》（卷十六）说：

色相有三种：可见有对，不可见有对，不可见无对。

这三色相怎么讲呢？例如我们环境所见的一切实物，是可见有对的色相。例如别人的性格或思想，是不可见有对的色相。例如宇宙普遍性，是不可见无对的色相。常识上认为性格悬殊的三种现象，佛家用逻辑的方式，都把他们编归一聚，通叫做色。所以佛家所谓色，固然一切物质都包含在内。但我们不能拿物质两个字翻译色字，因为范围广狭不同。

"不可见有对"、"不可见无对"这两种色，不能离开我们心理而独自存在，这是人人易懂的。至于"可见有对"的色——即通常所谓物质如草、木、桌、椅等，分明是有客观的独立存在，如何能说他无实体呢？《成实论》（卷三）为辨明此义，设问道：

问曰：四大是实有，所以者何？《阿毗昙》中说："坚相是地种，湿相是水种，热相是火种，动相是风种。"是故四大是实有。

这话是根据佛说设难说客观物质实有——起码总实有地、水、火、风四件东西。既有这四件，自然这四件所造色也是实有。佛家怎样反驳呢？《俱舍论》（卷一）说：

> 地谓显形，色处为体，随世间想假立此名。由世间相示地者，以显形色而相示故，水火亦然。

意思说，地、水、火、风这些名字，不过我们为整理观念起见，将坚、湿、热、动四种属性权为分类。除却坚相，我们便理会不出什么叫地，除却湿等相，我们便理会不出什么叫水等。所以说"四大是假名"。

外人又反驳道："那么最少坚等四相是实有。"佛家再反驳道："不然，因为相本来无定的。"《成实论》（卷三）说：

> 坚法尚无，况假名地。若泥团是坚，泥团即为软，故知无定坚相。又以少因缘故生坚心，若微尘疏合名为软，密合为坚，是故无定。

意思说，坚和软，不过主观的评价。若离却主观的状态，说是客观性有坚软的独立存在，是不合理的。

佛典中讨论这问题的话很多，限于时间，恕不详细征引剖析了。要之，佛家所谓色蕴，离不开心理的经验，经验集积的表象名之为色。《成实论》（卷一）说：

四川峨眉山万年寺无量寿殿普贤菩萨像

　　普贤菩萨，音译三曼多跋陀罗菩萨、三曼陀菩萨。又作遍吉菩萨。我国佛教四大菩萨（观音菩萨、文殊菩萨、地藏菩萨、普贤菩萨）之一，是具无量行愿、普现于一切佛刹的大乘圣者，与文殊菩萨同为释迦牟尼佛之胁士，即文殊驾狮子侍如来之左侧，普贤乘白象侍右侧。普贤显理、定、行。文殊、普贤共为一切菩萨之上首，常助成宣扬如来之化导摄益。以此菩萨之身相及功德遍一切处，纯一妙善，故称普贤。

> 如人病愈，自知得离；如水相冷，饮者乃知。……如地坚相，坚何等相？不得语答，触乃可知。如生盲人不可语以青、黄、赤、白。

可见离却主观的经验，那客观是什么东西，我们便不能想象。严密勘下去，也可以说色蕴是受、想、行、识种种经历表现出来。譬如我们说屋外那棵是柳树，怎么知道有柳树呢？那认识活动过程第一步先感觉眼前有一棵高大青绿的东西，便是受；其次，联想起我过去所知道的如何如何便是树，如何如何便是柳树，把这些影像都再现出来，便是想；其次，将这些影像和眼前所见这样东西比较看对不对，便是行；最后了然认得他是柳树，便是识。凡我们认为外界的"色"，非经过这种种程序后不能成立，所以"色"是我们心理的表象。我解释色蕴，暂此为止。

五

2. 受想行三蕴

这三蕴是讲心理的分析。我们为时间所限，只能略述他的定义。《五蕴论》说：

> 云何受蕴？谓三领纳：一苦，二乐，三不苦不乐。
> 云何想蕴？谓于境界取种种相。
> 云何行蕴？谓除受想，诸余心法及心不相应行。

《杂集论》（卷一）说：

> 问：受蕴何相？答：领纳是受相。谓由受故，领纳种种业所

得异熟。……

问：想蕴何相？答：构了是想相。由此想故，构画种种诸法像类，随所见、闻、觉、知之义起诸言说。……

问：行蕴何相？答：造作相是行相。由此行故令心造作，谓于善恶无记品中驱役心故，又于种种苦乐等位驱役心故。

《辨中边论》（卷上）说：

于尘受者，谓领尘苦等，说名受阴。
分别者，谓选择尘差别，是名想阴。
引行者，能令心舍此取彼，谓欲思惟作意等，名为行阴。

"受"训领纳，即是感觉。一种现象到跟前，我感受他或觉苦，或觉乐，或觉不苦不乐。

"想"于境界取种种相。《阿毗昙杂心论》说："想蕴于境界能取像貌。"《墨子经上篇》说："知者以其知过物而能貌之。"即是此义。我们遇见一种现象，像用照相镜一般把他影照过来，形成所谓记忆，做"诸言说"的资粮，便是想。

"行"是造作，除受、想两项外，其余一切心理活动都归入这一蕴中。他的特色，在"能令心趣此舍彼"。今欲明行蕴的内容，不能不将佛家所谓五位诸法先说一说。

佛家将一切法分为五位：一色法，二心王法，三心所法，四不相应行法，五无为法。五法的分类是各家所同的，位次先后及每位的数目，各有出入。例如俱舍家只讲七十五法，唯识家讲百法。五位中除无为法靠证不靠学外，其余四位，统名有为法，都属心理学范围。色法指有客观性的事物之相，心王法指心意识的本相，心所法举全文应云心所有法，亦名心数法。西洋学者所说心理现象正属此类，名目如受、想、触、欲念、作意、贪、嗔、痴、信勤、惭愧等类皆是。不相应法举全文应云心不相应行法。心不相应行怎么讲？五蕴论说谓："依色、心、心法分位，但假建立，不可施设。"用现在话讲，可以说是，不能归入色法、心法、心所法三类的叫做不相应法。名目如得、非得、生、老等类，如名句、文等类。今将诸法分配五蕴列一表。（见下表依小乘家《俱舍论》的法数制出，其大乘家《五蕴论》、《瑜伽师地论》等所讲百法，有些出入，但心所法及不相应法分配受、想、行三蕴大致相同。）

看这表可以见出行蕴内容如何复杂了。大抵佛家对于心理分析，

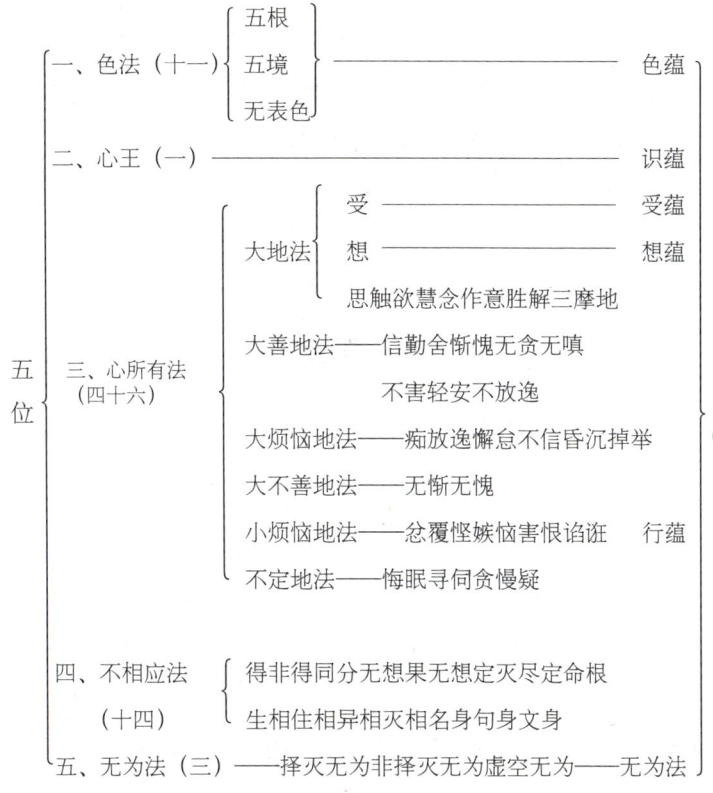

异常努力,愈析愈精。释迦牟尼时代,虽仅分受、想、行三大聚。"行"的方面,已经错杂举出许多属性。后来学者将这些话整理一番,又加以剖析增补,大类中分小类,小类中又分小类,遂把"行相"研究得如此绵密。我的学力还够不上解释他,而且时间亦不许,姑说到此处为止。但我敢说一句话,他们的分析是极科学的。若就心理构造机能那方面说,他们所研究自然比不上西洋人;若论内省的观察之深刻,论理上施设之精密,恐怕现代西洋心理学大家还要让几步哩。

六

3. 识蕴

"识"是最难了解的东西。若了解得这个,全盘佛法也都了解了。我万不敢说我已经了解,不过依据所读过的经典热心研究罢了。有说错的,盼望诸君切实指教。

"识"是什么?《五蕴论》说:

> 云何识蕴?谓于所缘境了别为性,亦名心意。由采集故,意所摄故。

《杂集论》(卷一)说:

> 问:识蕴何相?答:了别相是识相。由此识故了别色、声、香、味、触、法等种种境界。

我们试下个最简明的解释:"识就是能认识的自体相。"前表所列色法、心所法、不相应法乃至无为法，都是所认识的。识即心法，亦称心王法，是能认识的。

初期佛教，但说六识。后来分析愈加精密，才说有第七的末那识和第八的阿赖耶识。今且先讲六识。

六识是眼识、耳识、鼻识、舌识、身识、意识。就中眼、耳、鼻、舌、身识亦名前五识，意识亦名第六识。合这六种，亦名前六识。前六识的通性如何呢？《顺正理论》（卷三）说：

> 识谓了别者，是唯总取境界相义。各各总取彼境相，各各了别。谓彼眼识虽有色等（按：此色字是色、声、香、味之色，非色蕴之色），多境现前，然唯取色，不取声等，唯取青等……如彼眼识惟取总相，如是余识，随应当知。

读这段话，可以懂"了别"两字意义，了是了解，别是分别。许多现象在前，眼识唯认识颜色，不管声、香、味等。许多颜色在前，眼识当其认识青色时，不管黄、赤、白等。认识颜色是了解，把颜色提出来不与声、香、味等相混是分别；认识青色是了解，把青色提出来不与黄、赤、白等相混是分别。所以说识的功能在了别。眼识如此，耳、鼻、舌、身识同为前五识，可以类推。

第六的意识要稍加说明。前五识以可见有对的色为对象，意识以不可见有对及不可见无对的色为对象。例如释迦牟尼何样的人格，极乐世界何样的内容，这不是眼看得见、手摸得着的，便属于第六意识的范围。

识是怎么发生呢？佛典有一句最通行的话：

> 眼色为缘，生于眼识。

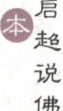

宁夏贺兰宏佛塔

宏佛塔位于宁夏贺兰县潘昶乡王澄村南面，距银川20余公里。这是一座砖筑的三层八角形楼阁式与覆钵式兼构的复合体建筑，其造型独特，风格古朴，是国内罕见的一座古塔。始建于西夏晚期（1190～1227）。

大昭寺·莲花生大士

印度僧人。8世纪后半期把佛教密宗传入西藏，藏传佛教尊称他为洛本仁波且、古如仁波天、乌金仁波且。通称白麦迥乃。初名莲花光明，后通晓声明及各种明处，得名莲花金刚。旋又依一真言阿黎寂色学事、行、瑜伽三部密法得密号为莲花生。其后又从瑜伽师乐天及瑜伽母乐持学无上部法。他曾周游印度广访密法大师，成为佛吉祥智的四个证得现法涅槃的弟子之一（另外三人为燃灯贤、极寂友、王种罗睺罗）。他又从吉禅师子学法。由于他对藏传佛教所作的巨大贡献，受到各宗派的共同敬仰。

这句话几乎无论哪部经哪部论都有，真算得佛家基本的理论，意思说是："眼睛与外界的颜色相缘，才能发生所谓眼识者。"省略说便是"根尘生识"（眼、耳、鼻、舌、身、意名六根，色、声、香、味、触、法名六尘）。这句话怎么讲呢？《顺正理论》（卷十）说：

> 眼色识三俱起时，眼不待二，色亦如是。识生必托所依所缘故眼识生，故眼识生要待余二。……然彼所依复有二种：一是和合所依，谓识；二是相离所依，谓眼。或识是彼亲密所依，眼根是彼系属所依，所缘即是彼所取境，故彼生时必待三法，眼及色为缘生于眼识者，谓眼与色和合为缘生于眼识。……

说眼根，我们或者可以想像他独立存在。说色尘，我们或者可以想像他独立存在。至于能了别颜色的眼识，一定要面上的眼睛和外界的颜色起了交涉时才能发生。但了别颜色的并不是面上眼睛，乃是眼睛的识。譬如瞎子或睡觉的人或初死的人眼睛虽然如故，却不能了别颜色，因为他没有了眼识。耳、鼻、舌、身识可以类推，所以说"识从三和合生"，前五识的性质大略如是。

意识是什么？用现在的话讲，可以说，意识是心理活动的统一态。一方面"无对色"专靠意识了别他，是意识特别的任务；一方面前五识所了别的"有对色"也靠意识来整理他保持他，是意识总揽的任务。初期佛法，仅提纲领，所以泛言意识。后来把意识内容愈剖析愈精细。《成实论》（卷五）说：

> 心、意、识体一而异名，若法能缘，是名为心。

《顺正理论》（卷十一）说：

> 心、意、识三体虽是一，而训词等义类有异，谓集起故名心，思量故名意，了别故名识。

《顺正》是小乘著作，虽未立六七八识等名目，其义实与后来大乘唯识家相通。集起的心即第八识，思量的意即第七识，了别的识即第六识。

为什么要立出这许多异名有这许多分析呢？《大智度论》（卷三十六）说：

> 心有二种：一者念念生灭心，二者次第相续心。

又说：

> 前意已灭，云何能生后识？答曰：意有二种：一者念念灭，二者心次第相续。

当时未将识分析立名，所以或名为意，或名为心，其实所指只是一物。我们的心、意、识，有随灭和相续两种状态，是确的。试稍加内省工夫，自然察觉。这两种状态，本来是一件东西的两面。但据粗心或幼稚的哲学家看来，那"念念生灭心"刹那不停新陈代谢，容易看出他无常不实。所以公认他是心理上所研究的对象，会给他"意识之流"或其他名目。至于"次第相续心"，他递嬗的变化很微细，不易察见，表面上像是常住的。而且他又能贮藏过去的经验令他再现，很像总持我身心的一个主宰，像是能有一切、能知一切的主人翁。所以一般人的常识乃至一部分哲学家，多半起"我思故我存"等妄见，认这个为"自我"。据佛法看来，其实不过五蕴中之一蕴。《显扬圣

教论》（卷一）引佛说（出《解深密经》）：

阿陀那识甚深细，一切种子如瀑流，我于凡愚不开演，恐彼分别执为我。

阿陀那识即阿赖耶识，亦名第八识。他是次第相续心的集合体，能将刹那生灭心所积经验执持保藏。因为执藏且相续故，常人把他构成自我的观念。其实他与前六识相依相缘，并不能单独存在，所以佛家将他和诸识通为一聚，名为识蕴。

若要了达识相，非把《唯识》、《瑜伽》诸论真真读通不可。我既没有这种学力，只能粗述大概，说识蕴的话止于此。

七

佛说五蕴，不外破除我相，因为常人都妄执五蕴为我。《成实论》（卷十）说：

《韦陀》中说："冥初时大丈夫神色如日光，若人知此，能度生死，更无余道。小人则小，大人则大，住身窟中，有坐禅人得光明相，见身中神如净珠中缕。"如是等人，计色为我。粗思惟者，说受是我，以木石等中无受故，不知受即是我；中思惟者说想是我，以苦乐虽过犹有想我心故；细思惟者说行为我……深思惟者说识为我，是思虽过故，犹有识我心故。

色、受、想、行、识，本是心理活动过程由粗入细的五种记号，常人不察，往往误认他全部或一部是我。最幼稚的思想，以为躯壳中住有个灵魂。如《韦陀》所说："身中神如净珠中缕。"数论派所谓"神我"正指这种境界。中国方士讲的什么"元神出窍"，基督教讲的什么"圣灵复活"都属此类。其实他们的"身中神"，就佛法看来，不过"法处所摄之无表色"，不过五蕴中之一种事实。认这种色相为我，可笑可怜已极。进一步的，稍为用些内省工夫认心理过程中之"受、想、行"为我，最高的认"识"为我，所谓"我思故我存"一类见解。内中尤以认"识"为我者最多，如前所引《杂集论》所说："世间有情多于识蕴计执为我，余蕴计执我所。"就佛法看来，他们指为观察对象之"第一我"（阿赖耶识），与他们认作能观察的主体之"第二我"（末那识），不过时间上差别之同质的精神作用。一经彻底研究，则知一切自我活动，皆"唯识所变"而已。《成实论》（卷十）说：

> 五阴中我心名为"身见"，实无我故。说缘五阴，五阴名身，于中生见，名为身见。于无我中而取我相，故名为见。

"身见"两字说得最好，"于无我中而取我相"不过一种错觉，把错觉矫正，才有正觉出来。

何以见得"身见"一定是错觉呢？只要懂得"蕴聚"的意义，便可以证明。《顺正理论》（卷三）说：

> 言聚，离聚所依，无别实有聚体可得。如是言我，色等蕴外，不应别求实有我体，蕴相续中假说我故，如世间聚，我非实有。

"离聚所依，无别实有聚体可得。"这句话怎么讲呢？《大智度论》（卷三十六）所引譬喻，可以互相发明。他说：

佛窟造像

苏州戒幢律寺

戒幢律寺坐落于苏州市西园路西园弄,为戒幢律寺和西花园放生池的总称。该寺始建于元朝至元年间,初名"归元寺"。明朝嘉靖年间太仆徐泰时置建东园(即后来的留园),并将归元寺改为别墅和住宅,更名为"西园"。后来徐泰时的儿子徐溶舍园为寺,仍名"归元寺"。明崇祯八年茂林和尚住持该寺,为弘扬律宗,改寺名为"戒幢律寺"。"幢"是旗帜的意思,"戒幢"就是以戒律为旗帜,弘扬戒法的寺院。寺亦成为著名的律宗道场之一。清咸丰十年(1860)毁于战乱。光绪初年(1875),由广慧和尚筹资建修,并改名为"西园戒幢寺",俗称"西园寺"。

> 诸法性空，但名字，因缘和合故有。如山河、草木、土地、人民、州郡、城邑名之为国；巷里、市陌、庐馆、宫殿名之为都；梁柱、椽栋、瓦竹、壁石名之为殿。……离是因缘名字则无有法。今除山河、土地因缘名字更无国名；除庐里、道陌因缘名字则无都名；除梁椽、竹瓦因缘名字更无殿名。……

这种道理很易明白。如聚了许多树，不能没有个总名，假定如此如此便名为林；聚了许多兵官兵卒，不能没有个总名，假定如此如此便名为师为旅。树是林名所依，兵是师旅名所依，离了树和兵，哪里别有林、师旅等实体。五蕴相续的统一状态假名为我，亦复如是。

蕴即是聚，前已说过。然则五聚之无常相无实体，较然甚明。譬如说某处森林，森林虽历久尚存，那组织成林的树，已不知多少回新陈代谢。五蕴的相，正复如此，渐次集积，渐次散坏，无一常住。所以《成实论》（卷十）说：

> 是五阴空，如幻如炎，相续生故。

《杂阿毗昙心论》（卷二）亦说：

> 一切有为法，生住及异灭，展转更相为。

所谓人生，所谓宇宙，只是事情和事情的交互，状态和状态的衔接。随生随住，随变随灭，随灭复随生，便是五蕴皆空的道理，也便是无我的道理。

然则佛家讲无我有什么好处呢？主意不外教人脱离无常苦恼的生活状态，归到清净轻安的生活状态。无常是不安定、不确实的意思，自然常常惹起苦恼。清净是纯粹真理的代名。佛家以为必须超越无常，才算合理生活，合理便是清净。《随相论》（卷下）说：

> 有生有灭，故名无常。有为法有生灭故，不得是常。生即是有，灭即是无，先有后无，故是无常。生何故非常生，灭何故非常灭，而言生灭是无常耶？解言：生坏于灭，故灭非常；灭复坏生，故生亦无常。相违性故名苦，五阴是苦聚，恒违逆众生心令其受苦。……所以恒违逆众生心者，由所缘境界非真实故，违逆生苦。

我们因为不明白五蕴皆空的道理，误认五蕴相续的状态为我，于是生出我见，因我见便有我痴我慢。我痴我慢的结果，不惟伤害人，而且令自己生无限苦恼。其实这全不是合理的生活，因为"他所缘境界非真实违逆众生心"。人类沉迷于这种生活，闹到内界精神生活不能统一，长在交战混乱的状态中。所以如此者，全由不明真理，佛家叫他无明。我们如何才能脱离这种无明状态呢？要靠智慧去胜他，最关键的一句话是"转识成智"。怎么才转识成智呢？用佛家所施设的方法虚心努力研究这种高深精密心理学，便是最妙法门。

我很惭愧我学力浅薄，不知道所讲对不对，我热心盼望诸君和海内佛学大家指教匡正。

支那内学院精校本《玄奘传》书后

——关于玄奘年谱之研究

一

玄奘法师,为中国佛学界第一人。其门人慧立,本住持幽州昭仁寺。贞观十九年,奘师初归自印度,开译场于长安之弘福寺,诏征天下晓法能文之僧襄焉。立以其年六月应征至,任缀文,自后追随奘师二十年。奘师寂,立乃综其生平作《大慈恩寺三藏法师传》十卷都八万余言,而彦悰为之笺。悰亦奘门弟子也。此书在古今所有名人谱传中,价值应推第一。其后关于奘师传记之作品,尚有道宣之《续高僧传》,智升之《开元释教录》,靖迈之《译经图记》,冥详之《玄奘法师行状》,刘轲之《大遍觉法师塔铭》。宣、升、迈、详,皆奘门人,惟轲之铭,作于开成四年,距师寂一百七十五年矣。诸家所记,什九皆取材于慧立之本书,故本书实奘传之基本资料也。

本书近百余年来,英、法、德、俄文皆有译本,为之疏证者且不少。其在本国,则因大藏外无单行本,见者反甚希,研究更无论矣。清季,扬州刻经处始从藏中抽印,学者便焉,然讹脱尚不免。此本为民国十二年季冬,支那内学院所校印,欧阳竟无先生以硃印本见寄,读之欢喜踊跃,举其特色如下:

第一，文字的校勘。依日本弘教正藏本，对勘丽、宋、元、明四藏本，凡文字有异同处皆斟酌其义理较长者改正。复用可琪《音义》、慧琳《音义》校勘俗字，文字上殆已精审无憾。

第二，记载的校勘。取《大唐西域记》及道宣、智升、冥详、刘轲所记述，其事迹有异同详略处，皆旁注比对，令读者得所审择，最为利便。

第三，遗像及地图之附录。卷首有奘师遗像，神采奕奕，竟无师系以一赞，能状其威德，令读者得所景仰。复有刘定权所制玄奘五印行迹图，盖参考西籍复制，大致甚精审。

第四，年岁之标记。本书自贞观十九年以前皆不记年月，读者茫然不能确得其时代，最为憾事。校本卷端标列年号及奘师岁数，实为年谱之雏形。内中奘师西游之年，本书及一切传记皆谓在贞观三年，吾尝考定为贞观元年（《中国历史研究法》一二五至一二九页），竟蒙校者采用，尤觉荣幸。

二

本书得此善本，吾深为学界庆幸。惟于卷端所列年岁，有未能释然者。吾三年前尝发心造玄奘年谱，牵于他课，久而未成。今亦未克赓续，偶因读此本，触发旧兴，抉其要点，先制一简谱以就正于内学院诸大德云。所征引书及其略号如下：

（原名） （略号）
《旧唐书·玄奘传》 ………………………… 史传
慧立《大慈恩寺三藏法师传》（即本书）………… 本书
道宣《续高僧传·玄奘传》 ………………… 续传
智升《开元释教录》 ………………………… 开元录

真如塔

真如塔即华严宗初祖杜顺禅师的灵骨塔，坐落在华严寺内，建于唐太宗贞观年间，与四祖清凉国师澄观塔相对。杜顺塔在东，澄观塔居西，间距不过三十米，相互辉映，庄严、肃穆。

靖迈《古今译经图记》……………………图记
冥详《玄奘法师行状》……………………行状
刘轲《大遍觉法师塔铭》……………………塔铭

以奘师之如此伟大的人物，其传记资料如此其详博，而苦不能得其详确之年代，洵学界一异事也。其圆寂岁月，为麟德元年二月五日无可疑者，惟生年不详；而享寿岁数，诸家多阙不载，或载而不实。因此，撰年谱者遂无从着手。今列举异说如下：

甲、五十六岁说。《旧唐书》本传云："显庆六年卒，时年五十六。"此说纰缪特甚。师年逾六十，佐证甚多，观下文所列举自明。且师卒于麟德元年，岂尚有疑议之余地？况显庆只有五年并无六年耶？官书疏舛，一至于此，可叹！

乙、六十三岁说。《行状》述师语云："今麟德元年，吾行年六十又三。"其年即师之卒年也。本书校本即从其说，以得寿六十三推算，定为生于仁寿二年。但据吾所考证，《状》文误记也（详说下）。且《状》中又云："贞观三年，年二十九。"若以六十三岁推算，其年仅二十八年耳，自相矛盾者一年。

丙、六十五岁说。《续传》云："麟德元年……告门人曰：……行年六十又五矣，必卒玉华。……"此与《行状》所记略同，惟易"三"为"五"。

丁、六十一岁说。本书未记得寿几何，惟于武德五年条下云："满二十岁。"于贞观三年条下云："时年二十六。"今依此推算，则麟德元年应为六十一岁。

戊、六十九岁说。《塔铭》云："麟德元年二月五日夜……春秋六十有九矣。"《塔铭》虽晚出，而所记最得其真，在本书中可得切证。校者主六十三岁说，乃据他书以改本书，大误也。今列举其文。

一、显庆二年。本书校者标眉云："法师年五十六岁。"然其年

清凉国师塔

清凉国师塔即华严宗四祖澄观的灵骨塔。唐时，因德宗、宪宗赐号"大统清凉国师"，故称。现塔在华严寺内，建于唐文宗开成年间。塔身平面呈六角形，为七级六面砖塔，高约十六米多。塔上第二层嵌有"大唐清凉国师妙觉之塔"刻石。在清凉国师塔侧有清雍正十二年加封澄观为"妙正真乘禅师"时立的碑石一通。

九月二十日师上表云："岁月如流，六十之年，飒焉已至。"（本书卷九页二十一）以六十九岁推算，是年为六十二岁。若仅五十六岁，无缘用"已至"二字。

二、显庆五年。校者标眉云："法师年五十九岁。"是年为初翻《大般若经》之年。本书于本年条下记其事云："法师翻此经时，汲汲然恒虑无常，谓诸僧曰：'玄奘今年六十有五，必当卒命于此伽蓝。经部甚大，每惧不终，人人努力加勤，勿辞劳苦。'"（本书卷十页三）依《塔铭》六十九岁推算，是年正六十五岁，与本书合。《续传》及《行状》致误之由，皆因误记法师此语之年岁，盖以初译《般若》时所言为译成《般若》时所言也。其实依本书所纪，语意甚明。盖六百卷《般若》，诚不易卒业，师以耆年任此艰巨，故当削稿伊始，作"加我数年"之思，以此自励励人耳。若如《行状》所记："今麟德元年，吾行年六十有三。……"此语成何意味？而校者乃据以破本文之"五"字，益支离矣。

总之慧立著本书时，偶遗却"享寿若干"之一句，遂令吾侪堕五里雾中。犹幸《塔铭》有明文，而本书所录此两条能为极强之左证，故奘师年谱之成立，尚非绝望。今试根据本书，正其矛盾，为简谱如下：

隋文帝开皇十六年（西纪596年）法师生。

仁寿三年（603年）八岁。能诵《孝经》。

炀帝大业四年（608年）十三岁。始出家。

大业十一年（615年）二十岁。始受具戒。

唐高祖武德五年（622年）二十七岁。在成都坐夏学律。

案，本书云："年满二十，以武德五年于成都受具坐夏学律。"疑是误并两事为一事。

敦煌玄奘取经图

　　武德六至九年（623~626年）二十八至三十一岁。遍游京师、江汉、河北诸地，从师问学。

　　太宗贞观元年（627年）三十二岁。是年八月，犯禁越境，西游求法。冬间抵高昌，为其王麴文泰所礼待。

　　案，师之西游，本书及一切纪载皆云在贞观三年，误也。所以致误之由，盖缘师在外十七年，以贞观十九年归，从十九年上推至三年，恰得十七个年头，遂相沿生误。今考"历览周游一十七载"之语，始见于师在于阗所上表。而其表文实作于十八年春夏之交，三年八月至十八年三四月，何从得十七年？

其不合一也。师曾在素叶城晤突厥之叶护可汗，而叶护实以贞观二年夏秋间被弑。若三年乃行，则无从见叶护。其不合二也。师在某处留学若干年若干月，往返途中所历若干里，本书皆有详细记载，非满十七年不敷分配（看本谱贞观十六年条下案语）。若出游果在三年，则所记皆成虚构。其不合三也。师出游本冒禁越境，其所以能然者则由霜灾饥荒，搀在饥民队中以行。《续传》所谓"是年霜俭，下敕道俗，随丰四出，幸因斯际，西向敦煌"是也。考《唐书·太宗纪》云："贞观元年八月，关东及河南陇右沿边诸州霜害秋稼。"正与《续传》所纪情事相应。若贞观三年，则并无"霜俭"之事。其不合四也。以此诸证，故吾确信师之出游乃贞观元年而非三年，其详见旧著《中国历史研究法》中。

又案，据本书，在凉州停月余日，在瓜州停月余日（卷一页九页十），度五烽及莫贺延碛约须半月（页十二至十五），抵高昌计应在十一月。高昌王挽留说法一月余（页十六至十八），去高昌当在岁杪。

贞观二年（628年）三十三岁。经阿耆尼等国。二三月之交，度葱岭，至素叶城，谒突厥叶护可汗。遂度铁门，经睹货罗等国至迦毕试，在彼中夏坐。复经犍陀罗等国，逾印度河至迦湿弥罗。

案，阿耆尼至素叶一段，本非通路，师所以迂道行此者，全为谒叶护可汗。盖葱西诸国，时方服属突厥，非得叶护许可不能通行也。叶护晤师后月余即被弑。

又案，本年行程，似达迦湿弥罗而止。沿路滞留之时日大略如下：
在屈支国因凌山雪路未开，淹停六十日。
在素叶城与叶护周旋约十日。
在活国因遇篡乱，淹留月余。
在梵衍那都城巡礼圣迹经十五日。

在迦毕试之沙落迦寺坐夏约两月余。

在犍陀罗国巡礼圣迹约十日。

大约一年光阴，半数淹歇，半数征行，行程约万里而弱，其所历如下：

阿耆尼至屈支七百余里。

屈支至跋禄迦六百里。

又西北行三百里至葱岭北隅之凌山。

又西北行五百余里至素叶城。

素叶西行四百余里至千泉。

西北行五百余里至飒秣建。

又西三百余里至屈霜你迦。

又西二百余里至喝捍。

又西四百里至捕喝。又百余里至伐地。

又西五百里至货利习弥伽。

又西三百余里至羯霜那。

又西南二百里入山。山行三百余里，度铁门，至睹货罗。

自此数百里至活国及缚喝国。

自缚喝经揭职等国入大雪山。行六百余里至梵衍那。

由梵衍那度黑山至迦毕试。

由迦毕试东行六百余里至滥波。

南百余里至那揭罗喝。

又东南行五百余里至犍陀罗。

由犍陀罗北行六百余里入乌仗那。

过信度河至呾叉始罗。

东南山行五百余里至乌剌尸。

又东南度铁桥行千余里至迦湿弥罗。

贞观三年（629年）三十四岁。在迦湿弥罗之阇那因陀罗寺从僧称法师学《俱舍》、《顺正理》、《因明》、《声明》诸论。

  案，《传》于迦湿弥罗条下云："如是停留首尾二年学诸经论。"当是去年到，今年年杪行，首尾合两年也。迦湿弥罗为说一切有部根据地，故师久淹，尽受其学。

贞观四年（630年）三十五岁。由迦湿弥罗经半笯蹉至磔迦，停一月就龙猛弟子长年学《经百论》《广百论》。至至那仆底，住四月（？），就调伏光学《对法论》《显宗论》《理门论》。至阇烂达那，住四月，就旃达罗伐摩学《众事分毗婆沙》。过屈露多等国至禄勒那，从阇耶鞠多，住一冬半春，学经部《毗婆沙》。

卧佛像

支那内学院精校本《玄奘传》书后

189

案，《传》文于至那仆底条下云："住十四月。"（卷二页二十一）如此合以磔迦之一月，阇烂达那之四月，禄勒那之一冬半春，已费去两年。然细按行程，师非以贞观五年到那烂陀不可（详次年）。窃疑此"十"字为衍文，虽无他证，且以理断耳。经部与有部势力维钧，故留禄勒那稍久。

贞观五年（631年）三十六岁。春半由禄勒那渡河东岸，至秣底补罗，就德光论师弟子蜜多斯那学有部《辩真论》，历半春一夏。过婆罗吸摩等国至羯若鞠阇，住三月，从毗离耶犀学各种毗婆沙。经阿逾陀、憍赏弥、舍卫等国，以岁暮（？）抵摩羯陀入那烂陀寺，参礼戒贤大师。

案，那烂陀为奘师游学之目的地，戒贤为其传法本师，故此行应以抵那烂陀为一结束。《行状》记戒贤问师："汝在路几年？"答曰："过三年，向欲四年。"（本书作"答云三年"，盖举成数耳）然则抵那烂陀决当在本年秋冬间也。

又案，迦湿弥罗至摩竭陀历程略如下：

由迦湿弥罗西南行七百里至半蹉。

又东南行七百余里至磔迦。

东行五百余里至那仆底。

东北行百四五十里至阇烂达那。

又东北行七百余里至屈露多。

又南行七百余里至设多图庐。

又西南行八百余里至波里夜呾罗。

东行五百余里至秣莵罗。

东北行五百余里到萨他湿伐罗。

又东行四百余里至禄勒那，渡河东岸则为秣底补罗。

从秣底补罗北行三百余里至婆罗吸摩捕罗。

又东南行四百余里至醯掣怛罗。

又南行二百余里渡殑伽河至毗罗删拏。

又东行二百余里至劫比他。

西北行二百里至羯若鞠阇。

东南行六百余里渡殑伽河南至阿逾陀。

东行三百余里渡殑伽河北至阿耶穆佉。

西南五百余里至憍赏弥。

东行五百余里至鞞索迦。

东北行五百余里至室罗伐悉底（即舍卫）。

东南行八百余里至劫比罗伐窣堵。

东行经荒林五百余里至蓝摩，又五百余里至婆罗痆斯。

从此顺殑伽河东下减千里至吠舍厘。

遂南渡殑伽河至摩竭陀。

由迦湿弥罗直造摩竭陀，路程本可减此之半，师因往磔迦、至那仆底、禄勒那等处就学，又劫比罗伐为佛生地，室罗伐悉底、憍赏弥、婆罗痆斯、吠舍厘等皆佛教历史因缘最深之地，师欲先行遍历，乃定居向学，故皆迂道而往也。

贞观六年至九年（632～635年）三十七至四十岁。在那烂陀寺从戒贤大师受《瑜伽师地论》，听讲三遍，每遍九月而讫；又听《顺正理论》一遍，《显扬论》《对法论》各一遍，《因明》《声明》《集量》等论各二遍，《中论》《百论》各三遍；其《俱舍》《婆沙》《六足》《阿毗昙》等，已曾于迦湿弥罗诸国听讫，至此更寻绎决疑，凡留寺经五年。

西域佛地——塔尔寺

  塔尔寺又名塔儿寺。得名于大金瓦寺内为纪念黄教创始人宗喀巴而建的大银塔，藏语称为"衮本贤巴林"，意思是"十万狮子吼佛像的弥勒寺"。它坐落在青海省湟中县鲁沙尔镇西南隅的连花山坳中，是我国藏传佛教格鲁派（黄教）六大寺院之一，也是青海省首屈一指的名胜古迹和全国重点文物保护单位。该寺初建于明嘉靖三十九年（1560），迄今已有400多年的历史。整个寺院是由众多的殿宇、经堂、佛塔、僧舍组成的一个汉藏艺术相结合的辉煌壮丽建筑群，占地面积约600余亩。

案，奘师西游动机，原因对于本国摄论宗诸师所谈法相有所不慊，乃欲深探其本。换言之，即对于无著世亲一派之大乘学欲为彻底的研究。《瑜伽师地论》即其最主要之目的品也。戒贤大师全印耆宿，世亲嫡嗣，期颐之年（《续传》云年百又六岁），久谢讲席，至是特为师开讲至五年之久。师之宿愿可谓全达，而兹行真不虚矣。

又案，《传》文于那烂陀条下"凡经五岁"，只能作经五个年头解，不能作满五年解（理由详后），故烂陀留学，应截至贞观九年为止。

贞观十年（636年）四十一岁。自本年后，南游巡礼，并访余师。本年在伊烂，从如来密、师子忍二师学萨婆多部（即说一切有部）之《毗婆沙》、《顺正理》诸论。

贞观十一、十二年（637～638年）四十二岁至四十三岁。此两年间，遍历印度东部、南部、西部数十国，欲渡海往僧伽罗（即锡兰岛），因彼中丧乱而止。中间在南侨萨罗从一精通因明之婆罗门读《集量论》，在驮那羯磔迦从苏部底、苏利耶两僧学大众部根本阿毗达磨。

此两年中所历国及其里程如下：

从伊烂拏顺殑伽河南岸东行三百余里至瞻波。

东行四百余里至羯朱嗢祇罗。

自此东度殑伽河行六百余里至奔那伐弹那。

又东南行九百余里至羯罗拏苏伐剌那。

从此东南出至三摩呾吒。

由三摩呾吒折而西行九百余里至耽摩栗底，又西南向乌荼（里数未记），隔海望僧伽罗。

自此西南大林中行一千二百余里至恭御陀。

复西南行大荒林一千四五百里至羯䅶伽。

自此折而西北一千八百余里至南㤭萨罗。

复折而东南行九百余里至案达罗。

从此南行千余里至䭾那羯磔迦。

更西南行千余里至珠利耶。

从此南经大林行一千五六百里至达罗毗荼之建志补罗城，与僧伽罗隔海相望。奘师游迹，南极此城。

自达罗毗荼折西北而归，行二千余里至建那补罗。

从此西北经大林行二千四五百里至摩诃剌侘。

又西北行二千余里渡耐秣陀河至跋禄羯呫婆。

又西北二千余里至摩腊婆。

由摩腊婆行三百余里至契吒。

又西南行五百余里至苏剌侘，为西印度之极南境。

由苏剌侘北返，西北行七百余里至阿难陀补罗。

又东北行千八百里至瞿折罗。

又东南行二千八百余里至邬阇衍那。

又东北行千余里至掷枳陀。

复折而西北行九百余里至摩醯湿伐罗补罗。

从此复经瞿折罗至阿点婆翅罗，共行二千余里至狼揭罗，为西印度之极西境，更西则波斯矣。

从狼揭罗东北行七百余里至臂多势罗（此处应经阿吒厘，《传》文疑有错简，说详下）。

又东北行三百余里至阿軬荼。

又东行七百余里至信度。

又东行九百余里渡河东岸至茂罗三部卢。

又东北行七百余里至钵伐多罗，此为北印度境，与迦湿弥罗接壤矣。

贞观十三、十四年（639~640年）四十四至四十五岁。此两年皆在钵伐多罗就正量部学根本阿毗达磨及《摄正法论》、《教实论》等。十五年下半年（？）返摩竭陀，参礼本师戒贤，复从低罗择迦寺僧般若跋陀罗学《因明》、《声明》。

贞观十五年（641年）四十六岁。在摩竭陀，入杖林山，从胜军论师学《唯识抉择论》，旁及《意义理论》、《成无畏论》、《不住涅槃论》、《十二因缘论》、《庄严经论》等，兼问《瑜伽》、《因明》等疑。旋返那烂陀，戒贤命师为众讲《摄大乘论》及《唯识抉择论》。时大德师子光在寺中讲《中》《百论》，破瑜伽义。师妙娴《中》《百》，又善《瑜伽》，和会二宗，谓不相背，乃著《会宗论》三千颂。论成，呈戒贤及大众，无不称善。

> 案，胜军为安慧弟子，亦学于戒贤。《传》称其："自大小乘论、因明、声明，爰至外籍群言，四吠陀典，天文、地理、医方、术数，无不究览根源，穷尽枝叶。"盖当时一最通博之学者也。奘师瑜伽之学，受自戒贤；唯识之学，受自胜军。在师游印收获中，二者价值，未容轩轾。《传》称从胜军学"首末二年"。或去年杪已入杖林山矣。
>
> 又案，会通瑜伽、般若两宗，实奘师毕生大愿。观其归后所译经论，知其尽力于般若，不在罗什下也，惜梵本《会宗论》未经自译耳。

贞观十六年（642年）四十七岁。上半年，师盖在那烂陀寺。时师学业已圆满成就，便思东归，戒贤亦劝其行。值有顺世外道来寺论难，师破之。乌荼国有小乘般若毱多谤诽大乘，师作《制恶见论》破之，声名益起。鸠摩罗王、戒日王相继礼请，师应其聘。其年腊月，戒日开大会于曲女城，与会者有十八国王，各国大小乘僧三千余人，那烂陀寺僧千余人，婆罗门及尼乾外道二千余人。设宝床，请奘师坐

为论主,称扬大乘,序作论意,即有名之《真唯识量颂》是也。仍遣那烂陀沙门明贤读示大众,别令写一本悬会场门外示一切人,若其间有一字无理能难破者,请斩首相谢。如是经十八日无一人能难。

案,本《传》对于奘师在印行迹,皆失记岁月,惟曲女之会,记云:"法师自冬初共王逆河而进,至腊月方到会场。"(卷五页六)最明了矣。然则此究何年之腊耶?据师以贞观十九年正月归至长安,而途次于阗,先行上表。上表后尚留于阗八个月,其抵于阗当在十八年春夏之交。而由钵罗耶迦抵于阗,计程亦须一年。则钵罗返斾,决当为十七年夏间事。而曲女开会,必在十六年之腊无疑矣。故吾侪可以曲女之会作定点,认贞观十六年冬为奘师游学生涯之结束。循此逆推其在印或居或行之岁月,当可了然。虽然,有难焉者,盖以《传》中所记经历年月之数,殊不足以数分配,试专就其安居就学时言之,计:

在迦湿弥罗学一切有部经论首末二年。

在磔迦从长年学《经百论》等一月。

在至那仆底从调伏光学《对法》等论十四月。

在阇烂达那从月胄学《众事分毗婆沙》四月。

在禄勒那从阇耶毱多学经部《毗婆沙》一冬半春。

在秣底补罗从密多斯那学有部《辩真论》半春一夏。

在羯若鞠阇从毗离耶犀学《毗婆沙》三月。

以上留学那烂陀以前事

在那烂陀从本师戒贤受学凡经五岁。

在伊烂拏从如来蜜等学《毗婆沙》停一年。

在南憍萨罗学《集量论》月余。

在䭾那羯磔迦学大众部《根本毗昙》停数月。

在钵伐多罗学正量部《根本毗昙》停二年。

在摩竭陀从般若跋陀罗学《因明》两月。

在杖林山从胜军学《唯识决择论》等首末二年。

《传》中所纪年月之原文如右，或一一扣足计算，则总额为十五年有奇。奘师游印十七年，虽全部分消磨在学舍中，一步不旅行，尚且不敷分配，然而师东西往返两次共费去约四年之日月，《传》文已历历可稽。在印境内巡礼游历，凡行三万里，为时亦需两年。然则宴居学舍之时间，何从得十五年之久？试更缩小范围，切实研究，师初到那烂陀谒戒贤时，贤问："在路几年？"答："过三年，向欲四年。"则师到那烂陀在贞观五年末无疑（此据吾所考定贞观元年出游说耳。若如旧说出游在二年，则时间之不敷分配更远矣）。曲女城之会在十六年冬，又既如前述，然则自五年冬之入那烂陀至十六年冬之会曲女城，恰满十一年。其间留学及巡礼时间，只能仅此十一年为分配。内中巡礼南、东、西印之时日，最少应除去两年，所余留学时间，实只九年。因此吾侪对于《传》文中所谓"首末二年"者，只能作"头尾两个年头"解，所谓"凡经五岁"者，只能作"经过五个年头"解，如此或勉强分配得过去（至那仆底之"十四月"，疑当作"四月"说，已详贞观四年条下）。吾之此谱，即以此义为标准，酌量分配年月，虽不能绝对正确（实不可能），或不甚相远。内学院校本所标年岁，殆稍拘文句而生龃龉也。

贞观十七年（643年）四十八岁。曲女城会毕，戒日王复为师在钵罗耶迦开七十五日无遮大会以饯其行。会毕复留连十余日。春末夏初，师遂东归，在葱岭西度岁。

贞观十八年（644年）四十九岁。度葱岭而东，约春夏之交至于阗，上表告归。仍在于阗补钞途中所失经典，阅八月乃行。

归途历程如下：

发钵罗耶伽七日至㤭赏弥。

西北行一月余至毗罗删拏，停两月。

玄奘游学印度图

　　西北行一月余至阇烂达,停一月。西行二十余日至僧诃补罗。

　　复行山涧中二十余日至呾叉尸罗,因船覆失经,补钞,停五十余日。

　　西北行一月余至蓝波。

　　正南行十五日至伐剌拏。

　　又西北往阿薄健。又西北往漕矩吒。又北行五百余里至佛栗萨傥那。

　　复经七日行雪山中至安呾罗缚婆,即睹货罗故地,停五日。

　　西北下山行四百余里至阔悉多。

　　西北复山行三百余里至活国,在叶护衙停一月。

　　东行七百余里经瞢健、呬摩呾罗等国至钵创那,自此入葱岭。

东南山行五百余里经淫薄健至屈浪拏。又东北山行五百余里至达摩悉铁帝。

复东山行七百余里至波谜罗川（即帕米尔）。

由川东出，登危覆雪行五百余里至竭盘陀，停二十余日。

北东行八百余里出葱岭至乌铩。

北行五百余里至佉沙。

东南行五百余里至斫句迦。

东行八百余里至瞿萨旦那，即于阗。

贞观十九年（645年）五十岁。正月二十四日，师归至长安。二月，谒太宗于洛阳。三月，师还长安，住弘福寺，从事翻译。五月至九月，译《菩萨藏经》十二卷成。七月，译《佛地经》、《六门陀罗尼经》各一卷成。十月至十二月，译《显扬圣教论》二十卷成。

贞观二十年（646年）五十一岁。是年，师在弘福寺。正月至二月，译《大乘阿毗达磨杂集论》十六卷成。三月，创译《瑜伽师地论》。去年，师见帝于洛阳时，奉敕作游记。本年成《大唐西域记》十二卷。

贞观二十一年（647年）五十二岁。是年，师在弘福寺。是年译成《解深密经》五卷（第二译），《因明入正理论》一卷，《大乘五蕴论》一卷。是年（？）奉敕译《老子》为梵言。

贞观二十二年（648年）五十三岁。是年，师在弘福寺。五月，《瑜伽师地论》一百卷成（二十年三月创译至是成）。六月至十二月，译《能断金刚般若经》一卷（第四译），《摄大乘论》十卷（第二译），《无性菩萨所释摄大乘论》十卷，《世亲菩萨所释摄大乘论》十卷，《唯识三十论》一卷，《缘起圣道经》一卷，《因明正理门论》一卷，《百法明门论》一卷。是年，太宗制《大唐三藏圣教

[五代] 延寿命菩萨像

序》，以冠新译诸经论之首。是年十月，大慈恩寺成，敕师住持，师不愿以寺务妨译业，上表力辞，不许。寺中别置弘法院，专为翻译之用。

贞观二十三年（649年）五十四岁。是年，师在慈恩寺。五月，太宗崩，高宗即位。先是当太宗时，常召师入宫，或陪游幸，淹旬洽月，译事不免作辍。至是"师返慈恩，专务翻译，无弃寸阴。每日自

慈恩寺

慈恩寺位于陕西西安南郊。始建于隋开皇九年（589），初名无漏寺。唐贞观二十二年（648），皇太子李治为其母文德皇后追荐冥福而扩建为大慈恩寺。玄奘奉敕由弘福寺移居此寺为上座并主持翻经院，译佛经。永徽三年（652），玄奘奏请于寺内建贮存佛经的大雁塔。此寺为中国佛教法相宗的祖庭。

支那内学院精校本《玄奘传》书后

立程课,若昼日有事不充,必兼夜以续之,遇乙之后,方乃停笔。摄经已,复礼佛行道,至三更暂眠,五更复起,读诵梵本,朱点次第,拟明旦所翻。每日斋讫,黄昏二时,讲新经论,及诸州听学僧等恒来决疑请义。即知上座之任(案,谓充慈恩住持也),僧事复来咨禀,复有内使遣营功德……亦令取师进止。日夕已去,寺内弟子百余人咸请教诫,盈廊溢庑,皆酬答处分,无遗漏者。虽众务辐辏,而神气绰然无所拥滞。……"(本书卷七页十一原文)是年,译《般若波罗蜜多心经》一卷(第二译),《甚希有经》一卷(第三译),《天请问经》一卷,《最无比经》一卷(第二译),《如来示教胜军王经》一卷,《缘起圣道经》一卷(第六译),《菩萨戒本》一卷,《羯磨文》一卷,《佛地经论》七卷,《王法正理论》一卷,《大乘掌珍论》一卷,《阿毗达磨识身足论》十六卷,《胜宗十句义论》一卷。

高宗永徽元年(650年)五十五岁。是年,师在慈恩寺,译《说无垢称经》六卷(第七译),《诸佛心陀罗尼经》一卷,《分别缘起初胜法门经》二卷(第二译),《药地琉璃光如来本愿功德经》一卷(第三译),《称赞佛土佛摄受经》一卷(第三译,即《阿弥陀经》),《广百论本》一卷,《大乘广百论释论》十卷,《本事经》七卷。

永徽二年(651年)五十六岁。是年,师在慈恩寺,译《大乘大集地藏十轮经》十卷,《受持七佛名号所生功德经》七卷,《大乘成业论》一卷,《阿毗达磨俱舍论》三十卷,《本颂》一卷。

永徽三年(652年)五十七岁。是年,师在慈恩寺,译《阿毗达磨显宗论》四十卷(是书去年创译,本年成),《佛临涅槃记法住经》一卷,《大乘阿毗达磨集论》七卷。

永徽四年(653年)五十八岁。是年,师在慈恩寺,译《阿毗达磨顺正理论》八十卷(明年春乃成)。是年,那烂陀寺大德慧天智光寄书问讯，师报之，时戒贤已寂矣。

永徽五年（654年）五十九岁。是年，师在慈恩寺，续译《顺正理论》，译《难提蜜多罗所说法经住记》一卷，《显无边佛土功德经》一卷，《称赞大乘功德经》一卷，《陀罗尼》三种，共经三卷。

永徽六年（655年）六十岁。是年，师在慈恩寺，译《瑜伽师地论释》一卷。先是因明学已弘布，门下及儒门学士各为疏解，道俗之间，发生诤论，师裁决焉。

显庆元年（656年）六十一岁。是年，师在慈恩寺。初，师西游度雪山时，曾得寒疾，频年屡发。至本年五月，复发颇剧，十月乃全愈。是年，译《十一面神咒心经》一卷。自是年起，创译《大毗婆沙》。

显庆二年（657年）六十二岁。是年二月，驾幸洛阳，敕师陪从，带翻经僧五人弟子各一人住积翠宫赓续译业。洛中为师原籍，至是归省，亲属唯余一老姊。又其父母殁于四十余年前，值当隋乱，匆匆藁葬。至是请假改葬，官为资给，道俗赴者万人。师厌居京洛，于本年九月二十日，表请入少室山之少林寺静习禅业，且专译功。表中有"六十之年飒焉已至"语。又自言："少来颇专精教义，唯于三禅九定，未暇安心，若不敛迹山中，不可成就。"又言："仍禅观之余，时间翻译。"云云，优诏不许。是年，续译《大毗婆沙》，又译《观所缘缘论》一卷（第二译）成，又创译《阿毗达磨发智论》。

显庆三年（658年）六十三岁。是年上半年，师在慈恩寺。七月，敕徙居西明寺。寺为元年所造，至是成，壮丽为诸寺冠。是年续译《大毗婆沙》及《发智论》，又译《入阿毗达磨论》二卷成。

显庆四年（659年）六十四岁。是年，师在西明寺。冬间，移玉华宫。是年，续译《阿毗达磨大毗婆沙论》二百卷成。续译《发智论》，又译《成唯识论》十卷成。又译《阿毗达磨法蕴足论》十二

卷成。

显庆五年（660年）六十五岁。是年，师在玉华宫。师欲译《大般若经》，以卷帙浩繁，京师多务，又人命无常，恐难完了，乃请就玉华宫翻译，诏许焉。去年十月由京往，到彼，住宫中肃诚院。本年正月一日着手翻译《般若》，谓僧曰："玄奘今年六十又五，必当卒命于此伽蓝。经部甚大，每惧不终，人人努力加勤，勿辞劳苦。"是年续译《阿毗达磨发智论》二十卷成，又译《阿毗达磨品类足论》十八卷成，又带译《集异门足论》。

龙朔元年（661年）六十六岁。是年，师在玉华宫，续译《大般若经》，续译《集异门足论》，又译《辨中边论》三卷颂一卷成，又译《唯识二十论》一卷成，又译《缘起经》一卷成。

龙朔二年（662年）六十七岁。是年，师在玉华宫，续译《大般若经》，续译《集异门足论》，又译《异部宗轮论》一卷成。

龙朔三年（663年）六十八岁。是年，师在玉华宫，续译《大般若波罗蜜多经》六百卷，是年冬十月二十三日成。续译《阿毗达磨集异门足论》二十卷成，又译《阿毗达磨身界足论》三卷成，又译《五事毗婆沙论》二卷成。

麟德元年（664年）六十九岁。春正月朔，师在玉华宫，翻经大德及寺众殷勤启请翻《大宝积经》。师见众情专至，俯仰翻数行讫，便收梵本停住告众曰："此经部轴，与《大般若》同。玄奘自量气力不复办此，死期已至，势非赊远，今欲往兰芝等谷礼辞佛像。"于是与门人同出。僧众相顾，莫不潸然。礼讫还寺，专精行道，遂绝翻译。二月五日夜半，师圆寂。寂前命门人嘉尚具录所翻经论，合七十四部，总一千三百三十五卷。

案，诸经论翻译年月各书或阙载或参差，今参合本书及《古今译经图记》、《开元释教录》、《大唐内典录》，考定如上。谱稿简陋已甚，不足为著述，因读校本偶感辄书，为将来改作之蓝本耳。希内学院诸大德有以教之。

三

此校本精慎已极，吾殆无间然。惟本书为学界瑰宝，实宜努加整理，俾人人易读且乐读。整理之法，宜全部详校，详注详补。窃思非内学院诸大德无足以负荷斯业者，敢贡所怀以备采择。

一、书中地理，宜悉注今地，英文、梵文并列。此方面，欧美、日本人著作甚多，取材至便。近人丁益甫（谦）之《大唐西域考证记》亦足供参考。

二、书中记印度各论师之小传及诸名论之著作因缘，实为佛教最可宝之资料，宜详加笺注。此等取材，虽非易易，然向各经疏及欧美、日本人所编辞典或其他著述中悉心搜讨，亦尚可什得八九。

三、奘师少年问业之先辈——如宝暹、道基等，归后襄译传法之门人——如窥基、慧立等，其名见于本书者不下数十，宜一一为作略传，注于本文之下，庶可明渊源所衍。此等取材于《高僧传》及其他撰述，亦尚非难。

四、训诂文句，有难解者注之，愈简愈妙。

以上说注

五、本书有记载讹舛者，宜细为校正，或据本书他处，或据他书，或按核情理。例如据《塔铭》及本书显庆五年条下"年六十五岁"之语，校正武德五年条下"年二十"，贞观三年条下"年二十六"诸文之误；据于阗表文"十七年"语，及《续传》"是年霜俭……"等语，校正贞观三年出游之误。

六、本书亦有传写讹舛者。例如卷四十页十二摩腊婆条之后云：

窥基塔

窥基塔，亦称慈恩塔，建于唐高宗永淳元年（682）。窥基是玄奘的大弟子，俗姓尉迟，是唐王朝开国大将军尉迟敬德的侄子。窥基十七岁随玄奘出家，参与玄奘主持的译务。由于他聪敏博学，深得玄奘的器重，担当笔受重任。玄奘一生主要致力于佛经翻译，而窥基则全力从事著述，着重阐发唯识宗的精义，被赞为"百部疏主"。高宗永淳元年（682）十一月寂于慈恩翻经院，终年五十一岁。逾十日葬樊川兴教寺陪奘公塔。

大雁塔和玄奘法师

玄奘想在慈恩寺里修筑一座三十丈高的石塔,一则保存西域带回的佛经与神像,二则防止火灾。玄奘初建此塔时称为经塔,后改叫雁塔。据《天竺记》说:"亲见国有迦叶佛伽蓝穿石山作塔五层,最下一层作雁形,谓之雁塔。"玄奘游学印度曾见此塔,故改称雁塔以为呼应。当时雁塔落成时,十七岁的僧人义净备受震动,发誓一定要步玄奘的后尘去"西天取经"。玄奘去世七年后,义净决意从海路赴天竺,在海上航行两年后,他踏上了印度次大陆,开辟了"海上丝绸之路"。义净回国后,筑塔译经。后人称义净所筑塔为"小雁塔","玄奘所筑塔为"大雁塔"。

支那内学院精校本《玄奘传》书后

"自此西北行二千四五百里至阿吒厘。"次条云："自此西北行三日至契吒。"按诸地图摩腊婆与契吒比壤，而契吒远在阿吒厘东南。本书所记极不合情实，当是错简。《西域记》则云，从"摩腊婆西北行三百余里至契吒"，可据以校正。此外东、西、南、北等字之讹写者似尚不少，皆可据地图校正。

以上说校

七、本书于奘师归国后，记其与宫廷关系事特详，而于所译经典反多漏略，此是慧立无识处。今宜参照靖迈《译经图记》、智升《释教录》补一"慈恩三藏所译经典表"，将各书之翻译年月、初译抑再译、各书所属宗派、原著者姓名年代、卷数品数等一一详明标列，庶可以见师所贡献于学界之总成绩。

八、奘师著述仅存者，如《宗镜录》所收之《真唯识量》，《翻译名义集》所收之《五不可翻论》等，宜悉心搜罗，全数附补。

九、宜补"奘门弟子籍"一篇，将当时襄译诸贤及窥基、圆测诸大弟子各为一小传，以记渊源。

十、宜补"法相宗传授表"一篇。印度自无著至戒贤，中国自奘师至窥基、圆测、慧沼以下，并及日本此宗人物，凡关于本宗之著述，全数录入，并简单说明其特点。

十一、宜补"汉、梵、英地名对照表"一篇，将本书及《西域记》所记悉行列入，并注相距里数。

十二、宜将道宣《续高僧传·玄奘传》、冥详《玄奘法师行状》、刘轲《大遍觉法师塔铭》全部附录，俾读者得对照参检。

以上说补